最"牛"的后勤：
一位副校长的教育故事

姚占胜 著

中国商务出版社
CHINA COMMERCE AND TRADE PRESS

图书在版编目（CIP）数据

最"牛"的后勤：一位副校长的教育故事 / 姚占胜著. -- 北京：中国商务出版社，2018.1
　　ISBN 978-7-5103-2284-6

Ⅰ. ①最… Ⅱ. ①姚… Ⅲ. ①中小学－校长－学校管理 Ⅳ. ① G637.1

中国版本图书馆 CIP 数据核字（2018）第 018735 号

最"牛"的后勤：一位副校长的教育故事
ZUI "NIU" DE HOUQIN：YIWEI FUXIAOZHANG DE JIAOYU GUSHI

姚占胜　著

出　　版：	中国商务出版社
地　　址：	北京市东城区安定门外大街东后巷 28 号　邮编：100710
责任部门：	职业教育事业部（010-64218072　295402859@qq.com）
责任编辑：	周青
总 发 行：	中国商务出版社发行部（010-64208388　64515150）
网　　址：	http://www.cctpress.com
邮　　箱：	cctp@cctpress.com
排　　版：	皓月
印　　刷：	北京朗翔印刷有限公司
开　　本：	880 毫米 ×1230 毫米　1/32
印　　张：	5.25　　　　　字　数：101 千字
版　　次：	2018 年 1 月第 1 版　　印　次：2022 年 8 月第 3 次印刷
书　　号：	ISBN 978-7-5103-2284-6
定　　价：	27.00 元

凡所购本版图书有印装质量问题，请与本社总编室联系。（电话：010-64212247）

版权所有　盗版必究（盗版侵权举报可发邮件到本社邮箱：cctp@cctpress.com

作者介绍

姚占胜，男，汉族，1968年12月出生于河北沽源，大专文化，中共党员，1986年入伍，2004年转业从事教育工作。曾参与多个国家级课题研究，先后被评为"石家庄市长安区先进教育工作者"、"石家庄市三育人先进个人"、"全国教育课程改革先进个人"。是石家庄华英北校和金柳林外国语学校的主要筹建和管理者。现任石家庄市金柳林外国语学校副校长。

姚占胜副校长

在十余年的教育工作中，他总结提炼军队常规管理精髓，借鉴现代企业管理经验，倾心研究中小学生成长规律和现代教育发展方向，以超前的意识和超强的保障力，推动学校快速发展，成为当地教育神话。他的后勤服务管理模式，受到业内专家学者好评。

写在前面的话

转眼又到隆冬时节,窗外的雪花和寒意丝毫没有冲淡我对教育的热情,也许是昨天跟老局长的一番长谈,促使我再一次坐在了电脑跟前,试着写一点东西。

从事教育工作13年,既是个新兵,又是个老人。我有幸先后服务于"华英"和"金柳林"这两所省会"品牌"学校,也正是因为参与了这两所学校的筹建和管理,才让我这个戎马半生的人了解了教育,了解了中国的教育,体味了教育人几十年不断探索、追求的艰辛和他们呕心沥血,为国育才的崇高伟大,更让我爱上了这个阳光的职业。曾经像看着自己的孩子一样看着两所学校从无到有,从小到大,一天天强壮起来,心里既有爱怜、欣慰,又有担忧和期望,这可能就是我继续前行的强大动力。

"建校修路,行善积德",道理谁都明白。然而,要办一所学校,尤其是要办好一所百姓认可的学校不是一件容易的事。华英时代,我们接手的是一个"二手"校区,划拨的也只有90名学生,用"家徒四壁"来形容毫不夸张。十几位教职工自己凑钱搞基础建设,改善办学条件。到市内各个小区宣传招生,从上到下全力以赴抓教学质量。仅仅三年时间，北华英便在省城小有名气。然而，学校最终还是因为体制问题停止了招生。第一个孩子虽然也很招人喜欢，但她还是因为政策因素夭折了。当时的三十多位同事没有流泪，没有气馁，更没有掉队，他们送走最后一批毕业生，为了共同的教育梦想再次北上，在市区最边缘竖起了"金柳林"的牌子。IBM前任总裁沃森说过："你可以接收我的工厂，烧掉我的厂房，然而只要留下我的人，我就可以重建IBM。"可见，人才是这个世界上最宝贵的资产。也正是因为有这样一群敬畏教育、热爱教育、不怕困难的教师，才使得当年这个名不见经传的郊区小村子，随着学校的发展壮大，也随之声名远播，备受瞩目。柳林人成功了！

在两所学校的建设管理中，后勤团队发挥了极其重要的作用。从学校的选址建设到日常的服务管理，他们始终战斗在第一线，出现在师生最需要的地方。克服了很多难以克服的困难，完成了很多不可能完成的任务，为师生工作学习和学校发展做了很多别人认为不可能的事，成为学校发展中有力的保障者和助推剂！很好地诠释了后勤服务保障在学校发展和学生教育中的特殊地位和作用。但因为本人理论水平和写作能力有限，文章难免粗糙、简单，还望教育前辈和同行予以指教斧正。若能对后来者有一点点启示，将倍感欣慰。

在此，要特别感谢我的成长导师、国家级骨干校长、教育部首批"中国成长中的教育家"培养对象、河北省小学骨干校长、石家庄市首届百佳校长——张英强校长。是他对教育的信仰和敬畏，对教师的赏识和信任，激励我走上教育之路。在工作中，他鼓励我们不断进行服务创新和教育研究，把服务育人、管理育人、环境育人融入教育体系，才使我们的工作取得了一点点成绩。同时也对省、市、区教育部门领导和金柳林各位同仁多年来在工作上的指导、帮助和支持一并表示感谢！

作　者

2016年冬于石家庄

华英建校时全体教师合影

2010年赴北京小学挂职学习

日本软垒少年

与札幌教育长吉田孝志合影

到校学习交流的外籍教师

华英教师庆祝 2009 年教师节

目 录

第一章 课堂之外的教师 ··············· 1
1. 初入校园 ························· 1
2. 高空作业 ························· 5
3. 正步行进 ························· 8
4. 艰苦岁月 ························· 10
5. 午间代管 ························· 15

第二章 做好服务不简单 ············· 21
6. 军队管理模式的借鉴 ············· 21
7. 制度很重要 ····················· 26
8. 重复中坚持 ····················· 30
9. 服务需要牺牲精神 ··············· 34
10. 关键时候冲上去 ················ 37
11. 两次剩饭引发的故事 ············ 42

第三章 提升团队执行力 ············· 45
12. 校区搬迁 创造奇迹 ············· 45
13. 物品搬运 昼夜鏖战 ············· 51
14. 回复热线 予情予理 ············· 53

15. 班车运行 难中求稳 ·· 57
16. 午餐配送 竭尽全力 ·· 60

第四章　创造服务新模式·························· 64
17. 3+2 确保安全无死角 ·· 64
18. 3 合 1 解决学生乘车难 ···································· 68
19. 餐饮服务树标杆 ··· 71
20. 设施维修网络化 ··· 75
21. 物品申领电商化 ··· 77
22. 安全保卫智能化 ··· 79

第五章　站在教育最前沿·························· 82
23. 蓄能充电，让服务人员打开眼界 ··················· 87
24. 推陈出新，把管理育人做活做实 ··················· 93
25. 润物无声，优秀文化引领师生成长 ··············· 98
26. 标准管理，让基础性管理工作步入规矩的
    快车道 ··· 105
27. 登高望远，做幸福教育的推动者 ················· 112

第六章　学习感悟与体会·························· 116
28. 两所学校留下的思考 ····································· 116
29. 沪浙学习印象 ··· 121
30. 利用现代信息平台 提高后勤服务效率 ······· 126
31. 我眼中的日本 ··· 130
32. 童年的故乡 ··· 144

第一章　课堂之外的教师

目前，在中小学都设有总务处，衣食住行、吃喝拉撒、工资福利都由这个部门来保障，它就是学校的总服务部。然而，北方的学校又都没有这个岗位编制。也就是说，总务老师或会计出纳都是兼职，他们除了完成一定的授课任务还要承担繁重的服务任务，而总务工作又往往是容易被忽视的工作。十几年的一线工作告诉我，总务工作与教育教学同等重要，学校的"三驾马车"缺一不可。尤其是学校建设初期和快速发展期间，后勤保障尤为重要。经常在课堂上看不见的老师，他们可能正在更大的平台上为师生、为学校忙碌着。

1. 初入校园

事情还要从转业安置讲起。作为一名服役整整 18 年的老兵，虽然在部队也享受着营职工资待遇，但一朝离开部队，除岁数大就是级别低，其他再没有任何优势可言，找一个合适的岗位安置并不容易。一开始总工会、市团委、城管局也有很多馅饼吊在眼前，最后我一个都没有吃到。还是一位老领导说：你应该到教育局去工作，一来你一直在后勤安保岗位上，有管理经验；二来你的文化功底不错，写写算算都没问题，到教育战线有用武之地。也正是多位战友的推荐帮助，我才最终落实了岗位。

也是在2004年的8月，当我还在跑办各种安置手续的时候，另一群创业者也正在进行他们的"破冰之旅"。"桥东区要成立华英北校！"这在市区几乎是一个爆炸性的新闻。"华英双语学校"是一所建校只有三四年，但却以办学目标明确，教学质量高，管理严谨而享誉市区的学校。年轻的张英强校长肩负着"打造教育强区，从基础教育做起"的使命，挑起了在原有校区基础上，重新组建北华英的担子。面对教师一时还不能调拨到位。满院子杂草丛生，教室里桌椅破旧不堪，廊道内凌乱无序的景象，他首先要做的是和老师们一道从内到外整理卫生，恢复秩序。这使零星前来报到的几位教师手足无措，因为他们要做的不仅是室内擦拭，清洗规整，还有满院子半米多高杂草的铲除和砖头瓦块的清理。这种劳动对很多人来说可能是第一次。从张校长的脸上他们似乎没有看到焦虑和担心，而更多的是自信和期待。

9月11日，天下着雨，人们或穿着雨披或打着雨伞在雨中匆匆而过。因为它是三年前美国遭受恐怖袭击的日子，又是个周六，所以我记得很清楚。也正是这一天，我接到前往"华英北校"报到的通知。好大的雨，好特殊的日子，我没敢迟疑，操起雨伞，骑着那辆转业后为了熟悉地形才买下的二手自行车，朝着自己也不知具体位置的地方奔去。

那是一条不算宽阔的南北道路，因为与一家著名肿瘤医院相邻，所以车水马龙，尤为热闹，也算好找。没想到的是，几年后，你要再找这家医院，人们不会直指方位，而是要问是"华英"对面那个吧？可见学校声誉提升之快，这也说明百姓对一所学校的关注度远超过了医院。

门卫是一位皮肤粗黑，不苟言笑，长得非常壮实的师傅，"你找谁？"他同样撑着一把雨伞，隔着大铁门的栅栏向外看了看问，似乎没有开门的意思。"师傅，你好，我是来报到的，我找校长。""噢，"他拉开了门栓，用一只手向楼的西南角指了指："校长在三楼西头。"我点了点头，向楼里走去。这比我想象的学校要小很多，名字也不像"XX街小学""XX路小学"那么老成。张校长不到30的样子，人很年轻，从穿着和言语就能看出是一个精干利落而且很有思想见地的人，他非常客气地跟我打招呼，张口叫我"姚老师"，这让我一时还回不过味儿来，要不是因为他那么年轻而又亲切，我没准会立正、敬礼呢！半年多的待安置让我一直还生活在战友圈子里，以至于报到当天穿的还是警裤。说实话，如果不是因为年龄原因，我还不舍得摘掉领章帽徽，离开工作了十七八年的警营，三十大几再踏上这二次就业的道路。

简短的攀谈算是相互认识和了解了,校长说:他很敬佩军人,因为当过兵的人不仅作风过硬,能打敢拼,执行力强也非常值得信赖。他的话是我转业后听到的对军人最朴实而真诚的评价,让我心里倍感温暖。最后校长说:咱们学校刚刚筹建,需要你这样有经历、有经验、能干活儿的男同志啊!当得知让我负责后勤工作时,我更是感觉信心满满,虽然学校后勤工作与军队有所不同,但毕竟是一个序列,与自己的专业是吻合的,这为自己快速进入状态,有效开展工作提供了方便。

华英北校旧影

2. 高空作业

  经过第一天雨水的冲刷，第二天是一个难得的晴天，天格外的蓝，柏油马路油黑乌亮，略带着湿气但又没有积水，草木中散发着一股雨后的清香。虽然是星期天，我还是早早就出了门，一路欣赏着景色赶往学校，因为这毕竟是第一天正式上班。趁着这个好天气，我认真巡视了一遍校园，学校占地四五亩的样子，操场不大，有六七百平方米，校舍是一栋四层高建筑，大约有3000平方米，四个上下楼梯间是凸出的玻璃圆弧造型，即保证了楼梯间有足够大的空间，又为楼内补充了光源。因为是新建校，学生不多，空间很是宽裕。我当天的任务是到市场去运几张床，在四楼闲置的教室为学生开辟出午休的地方。为保证安全，床铺要两张两张用铁丝拧在一起，以防孩子们上铺时将床拽倒。近40套床安装、上板、加固，我和同办公室的李老师整整忙了一天，因为没有防护措施，手上打起了血泡。这让我隐约感觉到这个工作并非我想的那么轻松，甚至会遇到很多困难和麻烦。很快，又一次挑战正等着我。那是一个周六的上午（周六日从来不休息），校长站在院子里指了指玻璃圆弧说："姚老师，开学的条幅该摘下来了，收好，明年还能用呢。"等我快速冲上四楼就傻眼了，通向楼顶的天窗只有不到60厘米见方的一个小口，上面盖着一块木板，入口距地面有三米多高，而从上口往下只有4根钢筋把手固定在墙上，最下边的一根离地面最少也有一米七八。跳上去是不可能的，找一个帮手更不可能，除了校长大家都在上课。我在楼内到处寻找可以利用的东西，二楼的拐角处发现了一张破旧的木课桌，"好，就它了。"我从桌子攀上把手，一层一层上到洞口，楼顶很平坦，除了横七竖八的几条电话线没什么东西。然而条幅挂在圆形的玻璃幕上，而玻璃幕造型比楼顶平台要高出二三米，同样是个圆形，毫无攀抓设施，根本不可能上去。我想自己可能是第一个上这个楼顶的人（最起码学校没人上过），否则怎么没人知道这些呢？我迅速下楼向门卫师傅求助。师傅姓董，是从张家口地质队退休回来的，说起来和我还是同乡，别看他平时一脸严肃，其实人实在、负责、也很热心。他说条幅是公司的人挂的，还真不知上面啥样，门口就一个人也走不开，不过在操场围墙边立着一个梯子，或许能帮到你。那是一个圆竹材质做的爬梯，宽的一头儿有六七十厘米，有三米多高。但它已是文物级工具了，不仅少了几条横撑，搬运时也是"咯咯吱吱"响个不停。因为它最宽的一头已超过了洞口，所以我把它请上楼顶已是筋疲力尽了。稍作休息，我再一次开始这次未知条件下的"单兵作业"。因为上沿是圆形而且又比较高，所以每往上爬一节，就看见梯子的两个小头在左右滑动，还不停地发出"吱吱嘎嘎"的响声。如果爬到一半，梯子或左或右一跐溜，我肯定就飞出去了，能甩在楼顶上那就是幸运了。说实话，就当时的装备和条件，战斗分队的同志来了，他也需要有保护措施，何况我这个已是三十五六岁的后勤兵了。可眼前既无援兵又无高招，想别的都没用，我只得像背着一颗已经拉了弦儿的手榴弹似的，一步一步往上蹭了……

同办公室的李老师大我一岁，胖胖的肚子圆圆的脸，乌黑的头发还自带卷，鼻梁上架着一副600度的眼镜，是位数学老师。平时活泼乐观，爱说爱闹，因为他担任两个班的数学课，所以，我戏称他是"半个总务"。他玩笑道：武警不都是飞檐走壁百步穿杨吗，怎么这么点小坎就难住了？我哭笑不得，只得应答：飞了三次都没有成功，只好爬上去了。后来我也在想，如果当天不是我，或者不是一名转业军人，他会怎么做呢？能不能挑战自己的极限？能不能冒那么大危险去干这个活？我为什么不去求援呢？万一出点岔子是不是很被动？所以，我后来就不让老师们一个人去爬高爬低，更不让新同志去不熟悉的领域冒险，因为这不是反恐，安全才是第一的。但我还是喜欢挑战自己，喜欢忠于使命有执行力的人，在用人时，同等条件我会选择复转军人。因为我知道，我能一言不发、冒死完成的工作，其他老兵也同样能做得到！

3. 正步行进

　　十月的石家庄秋意渐浓，人们刚从"北方火炉"的酷热中解放出来，个个神清气爽、精神焕发。学校接到了参加区教工运动会的通知，虽然只有16位教师，但毕竟是一所刚刚组建的"名校"，第一次亮相，当然会高度重视。经过讨论，最后确定了方案，个人出资一半，购买统一的服装，男士西装领带，女士西服短裙，右手持鲜花，随口号"艰苦奋斗，拼搏进取，勇于创新，追求卓越"踢正步入场。别的都好办，队列训练自然落在了我的身上，因为这应该是我的强项。但是放学后的第一次训练，我感到这15个人的小队形比100个人的战士难训练得多。别看老师们在讲台上是滔滔不绝，口若悬河，自信满满。但一到队列里，你喊向右看齐，他们不管排面是否整齐，间隔距离大小，只是向右扭头而已。齐步走基本是在散步，而且还在小声地说笑，至于正步走，那就更是"八国联军，七种走姿"，噼里啪啦，乱作一团。想想也是，老师们毕竟没经过正规队列训练，怎么可能一蹴而就呢？一遍遍示范，一排排纠正，最后大家基本能在一个排面上，向右看齐知道动起来迅速调整排面了。也知道了齐步走步幅多大，应该在什么频率上，左右怎么用两眼余光标齐排面。"老师们就是聪明，三天就像模像样了。"我不失时机地大加赞赏,也为自己能顺利完成这次任务增添了几分信心。

放学后,大家先后离开了学校,为熟悉路线,我又骑车到会场去认了认路,因为当时的石家庄对我来说哪儿都是陌生的。第二天的天气非常不错,我提前出发赶往运动会现场,就在距目的地不到一公里的地方,我走近道进了一条小巷子,觉得这样会更近一些。当我发现越走人越多,最后干脆只能推着自行车走时,才发现这里是一个早市。我想返回继续走大路,但后退的路也被越来越多逛早市的人潮堵上了。我带着校旗和标语应该先到集合地点的,这么走下去肯定会误事,军人对时间的强烈敏感再一次提醒着我。最后我干脆把自行车锁在一根电线杆上,抱起车上的东西从小商贩背后堆满货物且狭小的过道上深一脚浅一脚地跑了起来。"怎么出这么多汗?"老师们关切地问。"别提了,我误入早市,只好弃车而来了。""没关系,离集合还有十分钟呢。"老师们看着我这位新来的老同志,不仅满头大汗,裤管下半截都是土,几乎有点狼狈的样子,又奇怪又好笑。

入场式开始了,各学校纷纷展示自己的特色,有走秀的,传球的,舞蹈的,还有太极拳表演。当自己的团队走到主席台前,我使出全身力气喊出"向右——看",当我听到队列"1——2"的呼号时,迅速向右摆头,"艰苦奋斗,拼搏进取,勇于创新,追求卓越……"虽然人不多,但大家拼尽全力的呼号足以展示我们的自信。队伍以正步整齐地通过了主席台,这是全区唯一一所新建的学校,也是当天唯一一个以标准队列行进入场的队伍,加上鲜花和服装映衬,展示非常成功!

  也正是这次简短的军事化亮相,震撼了在场的兄弟单位和主席台上的领导,他们没有想到一所刚刚组建的学校竟然在这么短时间就形成了凝聚力,展现出拼搏向上的精神风貌。看见领导们在台上鼓掌示意,不停地交流,我心里舒服了很多,刚才"堵车逃亡"的狼狈早已忘得一干二净了。

4. 艰苦岁月

  古人云"兵马未动,粮草先行",这是决胜千里的首要条件。然而,北华英建校时只有12000千元开班费,只要在学校能见到的设备都是其他学校淘汰不要的,很多东西根本就没有。课桌椅是20世纪80年代老木头材质,桌面坑洼不平,木椅咯吱乱响,唯一的电器就是后来买的上英语课的那台录音机。两年没买过一点清扫工具,只要坏了就修好再用,那时候我常常蹲在洗手间里修拖布,就算是散的一条条的拖布,我也会把这些布条一根根摆齐,用铁丝绑在木把上,然后再用两颗钉子钉牢铁丝,以防脱落,就连挂钩也都是大小一致,手接触到的地方绝对不露出铁丝头或钉子尖,防止孩子们使用时划破手或挂坏衣物。木质桌椅坏了大多数是用钉子钉上完事，可钉子钉上用不了多久就会活动，很快又会散架。为解决这个问题我特意咨询了区政府修缮队的木匠，他们说钉子是治标不治本的，木质家具只能用木楔沾上胶水加固才不易再松动。为此我买来了锯、劈斧等工具，更加专业地修起了木桌椅，那批20世纪80年代的桌椅几乎每个都被修过几次，但它一直伴随学校走到了2011年才退役。坐那些凳子的孩子现在很多已从北大、浙大等大学毕业并参加了工作，可惜的是因为受场地限制，学校没能留下这些珍贵的东西，以至于孩子们再回母校已找不到当年的影子。我想，这些破旧的桌椅和拖布，可能比那些宏大的建筑更能让他们想起并记住这里，记住那段紧张艰苦的小学生活。

还有一件让我难忘的事就是校长的办公家具。因为当时经费十分紧张，甚至连办公耗材都买不起，无奈班子成员每个人都从家里凑了一两万块钱，以解燃眉之急。而作为一校之长总趴在课桌上办公也不是个事，我们拿着七凑八凑的两千块钱转遍了市里的家具市场，发现这点钱连一件像样的家具都买不到，更别说置齐一个办公室了。最后在郊区一个市场找到了便宜货，办公桌、靠背椅、四门书柜、沙发一共两千块，我和李老师二话没说，立马拿下。而后来的结果是，每天早上一进屋就得赶紧开窗户，否则马上就会呛出眼泪，窗台上的死苍蝇天天都得清理，校长一年四季只得开门敞窗办公。紧接着椅子轮掉了，桌面皮起来了，柜子门也要掉下来了，三天两头修理。后来，学校情况好转了，我觉得很对不起校长，应该考虑换一套家具，可他半开玩笑地说：我好不容易把味吸完了，可不要再换了。随后他又认真地说：校长的桌椅破一点不影响教育质量，更不影响学校形象，学生和老师们用的好不好才是我们关注的重点。也正是基于这种思想，当年的北华英是市区第一个在教室安装空调的学校，也是第一个为教师配备笔记本电脑的学校，而校长的办公桌却一直没有更换。

　　对于建校时的 92 名学生来说，他们的住所离学校并不近，甚至还有从郊县来的孩子，在校喝开水都是问题，更别说吃午饭了。为了尽最大可能地解决孩子们的生活问题，校长和老师们想尽了办法。还是王校长找到一位在对面医院管后勤的朋友，请他们暂时提供师生午餐和日常饮水，解了燃眉之急。从此，除了日常的修修补补，跑里跑外，我又担起了保障师生生活的担子。

　　每天上下午我都要和老李到医院食堂去拉开水，一个 40 斤的老旧保温桶，一个四轮平板车，装的少了不够喝，装的多了会在运送途中往外喷溅，我们经常腿上脚上都是水，此时的李老师还不忘幽默一把："湿啥都行，可千万别湿（失）身啊。"午饭是医院派人送过来，我负责安排没课的老师们给学生分打，原则是学生管饱，剩下什么老师吃什么，什么都不剩就到外面买点馒头咸菜凑合一顿，饭后大家再一起清理教室卫生。那时候的老师们吃糠咽菜不嫌苦，加班加点不叫累，时时事事为学生和学校想，大家只有一个信念，就是一定要把华英办成石家庄一流的学校。

在有了开水喝、有了午饭吃之后，我们着实满足了一阵子，可时间长了我们还是发现了很多问题。因为医院面对的是病号，除了粥熬得非常好外，饭菜突出稀、软、烂，炖菜多、面汤多、包子多，炒菜像煮菜，少盐没油，最要命的是一周三种饭菜从来不变，周一周四炒面，蛋汤无菜，周二周五馒头大锅菜，周三包子带一瓶醋，时间长了难免吃腻，而且还常常不够。拉水也是小插曲不断，不是要等很长时间耽误了上课，就是进不了食堂的门，沿路又晃又洒，到学校也所剩无几，关键是用蒸饭锅烧的水，有股怪怪的味道，孩子们根本不爱喝。吃饭是个大事，孩子们生活如何牵动着每一个家长的心，影响着学生的情绪，也直接关系到教师队伍的稳定。经过再三调研斟酌，学校做出了在及其艰苦的条件下开设小饭桌的决定，我就是这件事的具体组织实施者。凭借在军队管理伙食的丰富经验，操作间的改造很快有了雏形，新招的三位师傅都是熟人介绍来的，不是亲属就是朋友，他们也非常卖力，一刻不停地安锅搭灶，忙东忙西，就像在给自己家干活。因为买菜要跑五六里路，一位姓付的师傅还把家里的三轮车捐给了学校。从此，付师傅蹬着三轮儿，我骑着自行车，每天到3公里外的沿东街市场去买菜。为了每斤肉少花几毛钱，我们不仅货比三家，还常常等到市场快关门时再采购，因为那时候的东西是最便宜的，每天买肉省下六七块钱就够做一锅非常好的蛋花紫菜汤了。12月4日小饭桌终于点火开灶，第一顿饭是面条，有豆角、白菜两个小菜码，还有炸酱、蘑菇、番茄鸡蛋三种卤。开饭之前我拍了拍巴掌，等大家静下来之后说："这回我们放开吃吧，不够就再煮一锅。"那顿饭老师和孩子们吃得都很痛快！此后，我和三位师傅一道定食谱、跑采购、下厨房，采用领导值班、教师帮厨、家长督查等方式，把100多人的小饭桌搞得红红火火。像牛肉罩饼、大馅水饺、肉夹馍、包子、盐水虾、酱牛肉、烧板鸭、炒鸡丁、带鱼、平鱼、龙虾尾等主食菜品都是我们的桌上餐。

保安师傅业余时间维修桌椅

5. 午间代管

　　小饭桌的兴起也衍生了另一服务项目——午间代管，名号不知从何而出，简单地说就是看管学生午饭后休息。很多资料显示：每天坚持30分钟左右的午睡，可使大脑和身体各系统都得到放松和休息。有提高机体免疫机能和学习、工作质量的功效。尤其是小学生，在经过一上午紧张学习之后，如不适当午休，就会导致下午瞌睡打盹，精神不振，学习效率低下。解决好学生生活问题，正是为有效学习创造条件，铺路搭桥。

　　当时的校舍只有一栋楼，总建筑面积3000多平方米，没有多大。因为新开班只占用了4间教室，除了必要的功能室，也还是有些空余房间可用的。在方案确定后，后勤就开始腾场地、搞卫生、凑经费、买床褥，用一周的时间在4楼整理出了男女生午休室各两间。我很清楚，硬件上的不足我们可以发动群众，加班加点，靠艰苦奋斗来解决，而软件的缺失才是后续最大的问题。果不其然，第一天代管就让我们尝到了苦头。当初拟定的方案是12:30学生用餐完毕，活动十分钟12:40到指定的代管室门口集合。每个休息室安排新老值班教师两人，一位教师组织点名，另一位教师在室内安排床位，学生全部就位后老师复核人数，查找缺勤学生，12:50督促学生进入休息状态，教师继续做好巡视工作。13:30打起床铃，教师组织学生叠好被子，押平铺面，清理床铺和地面卫生，开窗通风，最后离开代管室。没想到第一天饭后学生并未按要求到指定地点集合，一部分人在操场或教室里玩耍，有少数直接进了休息室，抢占自己喜欢的铺位。外边的不过来，屋里的不出去，无奈我只得通知老师们重新在班里集合学生，讲完要求再带到休息室门口，一个一个的点名，一个一个的安排床位。整个安顿下来，离起床也差不了几分钟了。而孩子们仍在兴奋之中，说的说，笑的笑，聊天的聊天，根本没有睡觉的意思，个别孩子起床铃一响扔下被子下床就跑，早把各种要求抛到脑后。这次我可多了个心眼儿，提前安排一位老师们堵在门口，不叠好被子、不整理好床铺的不准离开代管室，几个调皮的家伙只得回到床上叠被子、拽床单。又是一番热闹之后休息室终于恢复了平静，我一个人坐在床上愣了好长时间，为自己的"精心策划"却换来杂乱无序而懊恼。第二天，我请来了班主任当救兵，调皮的男生们从站队点名到上床休息秩序好了很多，我悬着的心也终于慢慢放了下来。然而，一周后的一次"突发事件"再次挑战了我的神经，让我不得不重新思考，到底怎样才能做好午间管理。

那是1月中旬的一个中午，像往常一样我分别在响铃前五分钟检查老师到岗情况、午休后十分钟检查学生休息和老师值班情况。在离一个男生休息室还很远的地方就听到了大声说笑和喊叫的声音，难道没有老师吗？我走进休息室看到值班儿的小李老师，手里拿着一本卷成筒的书在每个床档上边敲打边大声地喊着"闭嘴，睡觉……闭嘴，睡觉……"，可学生们根本无视她的存在，继续说笑玩耍。小李是一位漂亮的小姑娘，是刚刚入职不久的微机教师，一定是因为不教主科而且又年轻，孩子们故意跟她捣乱，而同班的另一位老教师，因为临时有事儿没能到岗。看见这乱糟糟的场面，我很是生气，连续喊了几句现场还是没有静下来。此时，我使劲拍了两下巴掌，大声吼道："全体听口令——坐起来！"这时全场基本没有了声音，恰在此时不知是谁学了一声羊叫"咩……"这一下又炸了锅，笑声欢呼声响成了一片。我忍着愤怒问道："好笑吗？"有两三个调皮鬼回答"好笑！"我再次下达口令："从现在开始大笑十分钟，开始！"孩子们似乎意识到情况不妙，稀稀拉拉的几声说笑之后，屋里已经没了太大动静。为了防止哪个调皮鬼再出什么幺蛾子，我不依不饶："张开嘴，继续笑！"一个孩子小声说："老师，我笑不动了。""那就张大嘴呆十分钟。"我走到每一张床前指着他们："把嘴张大，再大点儿。"大约过了两三分钟，有个孩子举起了手："老师，我们不笑了。"看见已经镇住他们，我也想见好就收："那好，笑够的就躺下睡觉，还想笑的跟我出来。"这时学生们齐刷刷地躺了下来，休息室里再也没有发出什么声音。多年后在公交车上我偶遇当年的男生小王，他说对我印象最深的就是让他们大笑10分钟。我问他

17

是不是觉得我处理有点过火？他说：那天你要是镇不住我们，恐怕后边那个代管室甚至我们班都会乱。

其实那次事件之后，我们做了很多调查了解，倾听家长、教师、学生等不同层面的意见，对午间代管做出了科学、系统的安排，真正把一项服务做到了最好。首先要解决教师的认识问题。大多数人所理解的教育应该在课堂、在活动，老师也应该是通过课堂，通过教育活动来实现育人目标。其实教育更应该在平时，正所谓"学校处处皆教育"，良好的时间观念、团队意识、生活习惯、卫生习惯，正是通过吃、住、行、玩形成的。只有老师们认识到了午休也是育人的平台，他就会发挥潜能，做好服务。其次是制定切实可行的制度。制度至关重要，但更重要的是制度来自于哪，解决什么问题。针对午间服务我们出台了《三五到岗》（打饭在打铃后3分钟内，代管在打铃前5分钟到岗）、《床褥清洁》、《室内通风》、《个人卫生互查》等制度，有效解决了已经出现和即将出现的问题。第三是激励学生自主管理，实现真正自我成长。我把用餐午休学生每五六人编成一组，每组设正副组长各一名，负责管理组内成员出勤、纪律、卫生等内容。比如午休，点名只点到组长，组长不在副组长自行接替，大大缩短了点名时间，午休纪律也有了明显好转。

老师们反映：代管管好了，孩子们的集体意识、时间观念、卫生习惯明显增强，这是课堂上可能传授不到的。同时，下午课上没有打盹的了，回答问题也踊跃了；家长们说："我家孩子躺下吃东西的坏毛病没了。""我家臭小子起床知道叠被子了。""我们家孩子以前睡个觉可难了，在床上翻来覆去没半个小时睡不着，现在上床用不了5分钟就着了。""我家老大上完华英再没剩过饭菜。"……很多孩子把好习惯带到了初中、高中、大学，这些好习惯可能是他们一辈子享用不尽的财富。我们正是从小事入手，把服务管理与教育联系起来，与学生习惯培养联系起来，把育人贯穿始终。

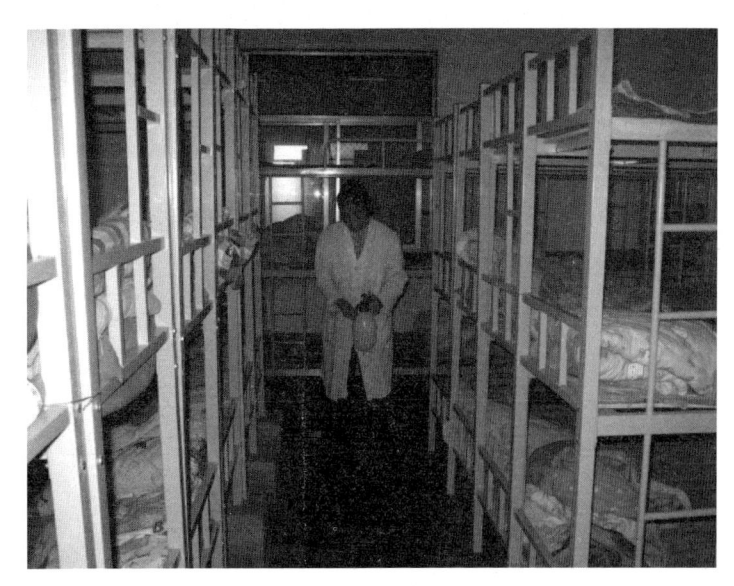

服务人员为代管室消毒

最"牛"后勤：一位副校长的教育故事

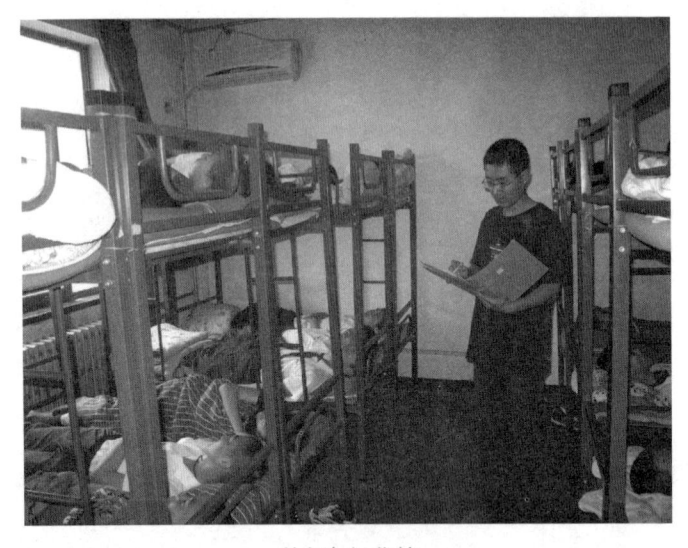

教师午间代管

第二章　做好服务不简单

时间到了 2006 年，北华英从无到有，从小到大，正一天天走向强大。它的每一次成长，每一点成功，既是全校教职工辛勤耕耘和集体智慧的结晶，更凝聚着后勤人员的心血和汗水。服务人员从起初机械地执行命令，到逐步探索性、智慧性、创造性地完成任务。从头痛医头，脚痛医脚到目标清晰，准确定位，精细服务，同样在一天天走向成熟。

6. 军队管理模式的借鉴

部队管理是以提高战斗力为根本目的。综合运用各种管理方法和手段，提高部队组织功能效率，充分发挥广大官兵的积极性，按照人民军队的宗旨、性质，把部队建设成强大的现代化、正规化的革命军队，圆满完成党和人民交给的各项任务。

而学校管理的目标是育人。树立公平的教育观和正确的质量观，提高办学水平，通过全员、全方位教育，培养学生良好的生活、学习习惯，健全的人格和良好的心理素质。两者目标任务截然不同，但军队在几十年革命斗争中形成的管理方式，在很多领域是可以参考、借鉴和尝试的。

食堂开办之初，学校和家长的目标很简单，孩子们能吃上干净的热乎饭菜，不再因为吃饭赶路误课就很好了。在基本问题解决之后，很多学校都是维持现状，不再为食堂管理投入更多的精力，以至于制度老旧，管理落后，没有长效机制和有效管控，最后成了学生和家长口中的"破食堂"。家长们一方面意见很大，另一方面不吃又不行，形成了"假融洽""真对立"的怪现象，一旦出现点问题，家长便会群起而攻之，学校成了最终的顶雷者。我们决不能走这样的老路，按照校长"要办就办最好的食堂"的要求，在落实好教育、卫生等行政部门的规章制度外，我开始尝试借鉴军队伙食管理五项制度提升食堂管理水平。《订食谱制度》、《给养逐日消耗登记制度》、《厨房值班和帮厨制度》、《伙食账目公布制度》和《饮食卫生制度》的借鉴和推行为食堂长期高效、透明、规范运行起到了积极的作用，为办成"最好的食堂"提供了制度保障。

五项制度中有些制度我们也在执行，只是叫法不同，其中《订食谱制度》和《厨房值班和帮厨制度》最有借鉴意义。就拿《厨房值班和帮厨制度》来说，它在中小学食堂是没听说过的，而它恰恰是教师或家长参与伙食管理，履行监督职责，形成家校合力的最好方式。我们最早安排的是教师轮流担任厨房值班，主要任务是验收所采购的食物并在采购单上签字；监督出库主副食数量并签字确认；检查当天饭菜准备情况和食堂以及个人的卫生情况。因为学校大多只有午餐，值班员主要负责采购、出库、配餐三大环节，用时不是太长，对教师授课影响也不算太大。后来随着家委会的成立，我们思路一下放宽了，何不在家长中招募志愿者来做厨房值班呢？这可能是家长最关心却无法参与其中的事情。各年级家委会的招募情况也证明了这一点，各班基本有一半以上家长愿意担任厨房值班。根据报名情况，我们编排了值班表，连同值班任务要求一起通过家委会发给大家，请大家做好牢记值班时间，做好值班准备。

当时学校有600多名学生，即便是一少半家长参与那也有200多人，一个学学年每人还轮不到一次，对家长们来说根本不是什么负担，但这一制度的落地，却把家校真正的连在了一起。家长值班员从最初所关注的采购、出库、配餐三大环节，到后来直接跟采购员跑市场，一起论质比价，货比三家……食堂的清洗消毒、食品留样、供餐打饭、卫生清洁他们全程参与其中，直到当天午餐结束他们才和食堂师傅们一块下班。曾经参与过这项工作的家长说："这大半天的工作，我们看到的不仅是采购、入库、出库、操作、洗消、留样等每一个规范的流程，更看到了这个食堂透明管理的大器和责任担当精神；也看到了学校开放办学的胸襟和为学生健康成长付出的良苦用心,我们把孩子放到这儿放心!"食堂十几年享誉省会,倍受社会认可,与家长们的监督、信任和支持是分不开的,所以这一制度的借鉴是有效的,成功的。

学校是个育人的地方,管理的过程和目标都不能脱离育人。当学校人数达到两千以上之后,在校用餐的人数也是一千多,孩子们活动量大,自然饿得就快,午间铃一响就会同时涌向操场,急着站队吃饭,队伍混乱就是必然的。负责点名的十几位体育教师,他们想了一些办法,但总是收效甚微。长期在这样的状态下就进入餐厅,从打饭到吃饭他们一定是难以再静下来的。进而午休纪律不好管,甚至下午上课无精打采。这不能叫恶性循环,最起码也算一种连锁反应。孩子们的浮躁一定要从源头找方法解决。部队的饭前一支歌给了我启发,唱歌的时候肯定是做不了其他事情的,因为不仅需要精力集中,关键是没人再跟你玩耍。开始尝试我并不要求唱得多么整齐洪亮,让音乐老师选出几首铿锵有力的歌来,只要先唱起来就行,实在唱不好的班就可以选择背诵两首诗词。总之,要吸引学生注意力,让他们此时想同一件事,唱好歌马上就可以吃饭。两个月之后,不仅饭前列队纪律好了,孩子们还学会了好多新歌、新诗,唱得好的几个班级还拉起了歌,我不忘适时表扬鼓励。饭前一支歌最初只为解决站队纪律问题,几年坚持下来成了学校一道风景,它增强了班级凝聚力,激发了学生集体意识和团队荣誉感。

再如针对班级或办公室的检查评比，我很少组织中层拿着本本去转、去查，最后下个谁好谁坏的结论，而是像部队会操一样，大家都参与，一块儿下结论。这样不光是透明公正，更主要的是教育效果明显。在一个周一下午学校例会结束后，我请全体老师一起到七个代管室去参观。现场为每个代管室的室内卫生、通风情况、床上用品摆放、午休点名登记等进行打分，对于较好的前两个代管室，我们对当天值班教师予以积分奖励，落后的不点名，不批评。为规范电教设备使用管理，提高安全预防和节电意识，我们制定了一些制度。但因为教室、办公室、功能室加起来有近百个房间，光靠后勤几个人督查是远远不够的，我也经常不定期的组织老师们对教室、办公室、功能室里空调常开、设备不关、长明灯等现象进行突查。这种会操式的检查，目的不在于要评出前几名，也不在于要批评谁，而是让老师们通过一次次突查提高自我约束意识，向好的科室看齐，这比几个领导去查、去讲、去批效果要好得多。

部队还有一些好的制度、方法我也有所尝试和借鉴，我知道拿来主义不可要，但尝试总比死守要好。因为管理本身就是一门科学，更是一门艺术，没有哪一种管理经验或模式能够完全克隆或拿来就用，它必须符合自身实际需求才是科学的。

愉快用餐的学生

7. 制度很重要

曾经看到过这样一个故事：英国将澳洲变成殖民地之后，因为那儿地广人稀，尚未开发，英政府就鼓励国民移民到澳洲，可是当时澳洲非常落后，没有人愿意去。英国政府就想出一个办法，把罪犯送到澳洲去。这样一方面解决了英国本土监狱人满为患的问题，另一方面也解决了澳洲的劳动力问题，还有一条，他们以为把坏家伙们都送走了，英国就会变得更美好了。英国政府雇佣私人船只运送犯人，按照装船的人数付费，多运多赚钱。很快政府发现这样做有很大的弊端，就是罪犯的死亡率非常之高，平均超过了10%，最严重的一艘船死亡率达到了惊人的37%。政府官员绞尽脑汁想降低罪犯运输过程中的死亡率，包括派官员上船监督，限制装船数量等等，却都实施不下去。

最后，他们终于找到了一劳永逸的办法，就是将付款方式变换了一下：由根据上船的人数付费改为根据下船的人数付费。船东只有将人活着送达澳洲，才能赚到运送费用。新政策一出炉，罪犯死亡率立竿见影地降到了1%左右。后来船东为了提高生存率还在船上配备了医生。

可见一个好的制度可以使人的坏念头受到抑制，而坏的制度会让人的好愿望四处碰壁。建立起将结果和个人责任、利益联系在一起的制度，能解决很多实际问题。

总务处在小学里是"有牌无编，有活无权"，老师们全是兼职，上了讲台就是学科教师，走出教室就是修理工，靠人制是不可行的，建立一套适合自身的管理制度就显得尤为重要。经过近一年的参观、学习、调研和梳理，我们果断废止或修改了后勤管理规章制度。为让制度接地气、起实效，一是不定虚而不实的规章；二是利用每周例会拿出10分钟时间进行学习；三是通篇学完组织小测试，剩下的关键就是如何落实了。老师们性格不同，资历不同，年龄不同，接受能力也有差异，重罚不合适，严批也欠妥，这确实需要因人而异动一番脑筋。

针对放学后教室、功能室不锁门，不关电器问题，我们组织起草了《安全防盗防火管理规定》。一是明确教室、办公室、功能室安全工作责任人；二是后勤每天放学后和上班前最少两次检查记录；三是设立安全管理奖励基金，学期末一次性兑现。具体操作是：检查人员发现未按规定锁门窗、关电源现象，现场电话通知当事人返校锁门关电器。第二天上班前复查已解决的不予追究，未解决的一次提醒，两次警告，三次缓发安全奖励基金。很多时候老师们在乎的不是几十或几百块钱，而是这基金背后的面子。这种采取教育引导为主，与"只奖不罚"相结合的管理模式容易被人接受，而且效果也很明显。

几年下来，教师们下班前都要到自己负责的教室、功能室巡视一番，确定没有问题才会离开。这种在工作中养成的良好习惯，已深深印入心田，落实在日常行动中，形成具有学校特色的校园"制度文化"。

小饭桌的开设不仅解决了学生午餐问题，还解除了家长对孩子在外用餐食品安全和人身安全的担忧。然而，从打饭到午休代管，仅凭几位食堂师傅是无法完成的，这就需要老师们加入到服务行列中来，参与打饭和午休管理。而老师们又都不够重视这些课堂外的服务工作，常常出现学生站了一长溜，打饭的老师还没到；午休室已经乱成一片，值班的老师才出现。这些涉及学生安全和生活的问题不仅是服务水准的体现，更是育人的重要内容，不容马虎。经过近一个月的调研，我们制定了《代管分餐教师管理规定》。规定：当天值班教师，必须在听到放学铃 3 分钟内，午休铃响 5 分钟前到岗。并在分餐口和午休室设立签到岗，分别由各班生活委员和纪律委员轮流值班。迟到教师将被在签到表上打上"×"号，连续迟到两次，该教师将接替学生负责签到岗工作，直到下一位教师迟到……

仅一个月时间，这种"教师管学生，学生查老师"的互相约束管理机制就取得了明显成效，午间服务迟到早退现象基本得到了根治。我们在制定和督促制度落实时从不一味照搬，更看重的是它的约束力和教育效果。这种方式曾被市内区县十几所学校"克隆"，一直沿用至今。

两年前，一位跟班车的教师，因为学生在车上不服从管理，与其发生了顶撞，便强行把孩子拉出两站地才让他下车，并有语言辱骂行为，对学生安全和身心健康造成一定损害。接到举报后，班车负责人连夜约谈当事教师，责令其说明情况，并通过当班司机和同车学生了解情况。第二天，学校做出对该教师辞退的决定。得知处理结果后，学生家长非常吃惊，几次找学校领导求情，表示批评批评教育教育就行了，开除处理得有点重，现在找个工作不容易，希望学校给那位老师一个机会。她得到的答复是：作为一名教师，不讲教育方式，不顾学生安全，已经丧失了作为人师的基本准则，按照《跟车教师管理办法》规定，发放一个月生活补助，予以辞退。

有时候制度必须是刚性的。

几年来，我们根据学校发展实际先后出台了《就餐、午休学生管理规定》《代管分餐教师管理规定》《学校各类服务人员管理规定》、《校产器材使用管理制度》《网络信息发布维护管理制度》以及《网上报修、申领管理规定》等规章制度，为提升服务管理水平提供了有力的制度保障。

炊事员刀功比武

8. 重复中坚持

在2400年前的古希腊，有一天，苏格拉底对学生们说："今天咱们只学一件最简单也是最容易做的事儿，每人把胳膊尽量往前甩，然后尽量往后甩。"说着，苏格拉底示范了一遍，"从今天开始，每天做300下。大家能做到吗？"

学生们都笑了。这么简单的事，有什么做不到的？过了一个月，苏格拉底问学生们："每天甩手300下，哪些同学坚持了？"有90%的同学骄傲地举起了手。又过了一个月，苏格拉底又问，这回，坚持下来的学生只剩下六成。一年过后，苏格拉底再一次问大家："请告诉我，最简单的甩手运动，还有哪几位同学坚持了？"这时，整个教室里，只有一个人举起了手。这个人就是后来成为古希腊另一位大哲学家的柏拉图。

世间最容易的事是坚持，最难的事也是坚持。说它容易，是因为只要愿意做，人人能做到；说它难，是因为真正能做到的，终究只是少数人。柏拉图后来能获得如此大的成就，我认为，这与他所具有的执着追求、坚持不懈的优秀心理素质密不可分。他在成为哲学家之前，大部分时间仍然显得平淡无奇，所不同的是在那些人们看似平淡、枯燥的重复中，柏拉图能认准目标、始终坚持。

作为后勤工作者，我们做的都是极其平常的事，可能一辈子也不会走上前台，不会轰轰烈烈。但是如何把日常服务融入育人教育？如何在日复一日，年复一年的重复中坚持下去，做出成效，是我们一直追求的目标。

在华英北校，总务只有两个人，而且还都上着课，每天要完成琐碎繁杂的维修保障工作，就不得不比别人来得更早一些，走得更晚一些。我的一日常规基本是：早上7点10分到校，首先转一遍教学楼，查看各种设施的状态，角角落落的安全，食堂备餐情况，学生饮水的保障，办公用品的分发以及公用物品的维修；中午：要提前20分钟到位，查看午餐的准备情况，教师分餐到位，午休代管教师到位，午休管理情况以及大门的开、锁以及学生的安全情况；更多的时候是为了学生形成良好习惯，一顿午饭始终要站在垃圾桶前，提醒孩子们不浪费饭菜；下午：护送学生离校，记录一天工作，反思不足，当老师们结束一天工作踏上回家之路时，我才开始每天第二次的教室安全检查，19点离开学校，比其他老师整整晚两个小时。加上课时和日常修缮，已经是满满当当，而作为一所新组建的学校，一切几乎都是从零开始。为了美化校园，我们冒着烈日修剪花木，两天下来，胳膊划破了，手上打起了血泡，汗水湿透了衣服；盛夏来临，为了保证师生及时使用空调，利用周六、日和中午、放学等休息时间清洗空调滤网，并逐个调试。有时一个紧急通知，来不及换衣服，就跑到教育局去开会，半身泥土半身汗坐在那儿就像农民工；为了预防手足口病，夜里九点大家还在楼道里打药消毒；尤其是学校有装修改造任务时，工期少则俩月，多则百余天，这时候我们就和工人一样，不分白昼盯在现场，生怕哪个环节出点问题影响了工期和质量。上班提前进校门，下班最后一个出学校，甚至就住在学校……繁琐、枯燥、重复，这就是后勤工作的特点。在这日复一日，年复一年的重复中体味着责任、爱心与服务的完整统一。

一次在巡视午休时，我发现一个床位是空的，便问值班老师是怎么回事，老师说这是朱寒的床，他经常中午去厕所，而且有时候整个中午都不回来。我又找到班主任老师，班主任老师说那是一个很听话的孩子，从不说谎，除了最近去厕所比较多以外，没有其他异常。第二天中午，我提前来到午休室，看见一个大个子男生正在床上翻来翻去。我走到跟前问他是不是哪儿不舒服，他蔫蔫地说没事，可我明明看见他在冒汗。我摸摸他的额头说："没事孩子，我知道你是个老实孩子，哪儿不舒服告诉老师，我们可都是男子汉呀！"听到这里他干脆从床上爬了起来，凑近我耳朵说：我出去告诉你。

　　孩子的父母都在北京做生意，小姨一直带着他，近一个月不知为什么，经常大便干燥，有时一周都不解大手，经常憋得受不了了就去厕所蹲一会，稍微好一点再继续上课。因为小姨也很忙，所以他不想再给小姨找麻烦，因为怕同学们笑话，他也不想告诉老师。"好爱面子的孩子，这样时间长了是会出大问题的，你懂不懂？"我又心疼又生气。让保健老师用开塞露帮他做了初步疏通之后，又让班主任陪他去医院做检查，取药。这件事情，我始终没有批评任何人，但是班主任老师和孩子的小姨都先后向我承认错误。有时候我们最熟悉的人和事恰恰是我们最容易忽视的，只有每天都能把那些重复的事情做到位，并且一直坚持做下去，那才是一位称职的教育工作者。

9. 服务需要牺牲精神

讲到牺牲精神，我就想起了沈石溪的文章《斑羚飞渡》。故事里讲的是狩猎队在猎狗的帮助下，把七八十只斑羚逼到了一个悬崖上，面对六米多宽的对岸，只能跳出三四米远的斑羚只能全军覆没。正在猎人们暗自高兴的时候，惊人的一幕出现了：随着镰刀头羊的一声吼叫，斑羚主动站成了老、幼两行，一老一少一前一后一高一低的向对岸跳去。当半大斑羚从最高点往下降落的瞬间，老斑羚身体出现在了它的蹄下，半大斑羚的四只蹄子在老斑羚宽阔结实的背上猛蹬一下，就像踏在一块跳板上，下坠的身体在空中再度弹起。半大斑羚轻松地落在对面山峰上，而老斑羚就像燃料已烧完了的火箭残壳，笔直的坠下了悬崖。一对对斑羚凌空跃起，在山涧上空画出一道道令人眼花缭乱的弧线。每一只年轻斑羚的成功飞渡，都意味着有一只老年斑羚摔得粉身碎骨。谁能想到，在面临种群灭绝的关键时刻，斑羚群竟然能想出牺牲一半挽救另一半的办法来赢得种群的生存机会。谁又能想得到，老斑羚们为了集体的利益会那么从容地走向死亡，教师群体多么像那些甘为踏板的老斑羚啊！

2006年六月下旬，在紧锣密鼓地完成了招生任务的第二天，我们就开始了办公室、教室、代管室的整理布置和设备添加，为当年大面积扩招进行各种准备工作。多个项目同时展开，能不能保质保量按时完工，校长也有些担心，"校长放心，肯定没问题，这么好的发展机遇，我们两个月不睡觉也得把活干好"我基本上是立了"军令状"。从此60个日日夜夜，我和李老师除了吃饭去厕所，就全身心的盯在了学校。我们每天手里拎着两大串钥匙，一楼四楼、四楼一楼、教室办公室、办公室教室不停地穿梭着。这儿验收，那儿检查，生怕出一点纰漏。石家庄的暑期可谓超级闷热，白天全身的汗水像水浇的一样，就没干过，夜里常常靠在工地现场的墙上就睡着了。最后10天是抢活收尾的关键时候，每天有四五组施工人员交叉施工，最早的5:30到，最晚的夜里面11点多才能走，能不能圆满完工，全在这几天了。"一定要坚持住，这个时候千万不能掉链子"我和李老师相互提醒对方。可恰恰就是这个时候，老母亲突发心脏病住进了医院，在外地的哥哥姐姐都赶回了老家，是留是走，这让我左右为难。校长的意见是我必须回去，为人子女，在老人需要的时候怎么能不在身边呢？更何况我又是常年在外地工作，万一有个什么闪失，那将遗憾终身。可是学校整个的装修改造从酝酿、设计到施工都是我参与进行的，一旦我离开，进度、质量都会受影响，学校刚刚形成的良好发展势头定会受到影响，这是我最不愿意看到的。我一面安排爱人往老家赶，一面在电话里向老父亲做解释，一向严厉的父亲非常理解，并说不要听你哥哥姐姐们瞎喊叫，如果你妈真的不行了，我会给你打电话，除了我的电话你就不必回来，我含着泪挂掉了老父亲的电话。好在经过半个月的治疗，母亲的病情逐渐好转，否则我将真的无法面对家人了。8月29号家长们如期走进校园，看到精心装修的教室、崭新的教学白板、温馨的午间休息室，他们满意地竖起了大拇指。中午，当我们把一批批新生带进干净、舒适的休息室，听到他们："哇！可真舒服呀"的感叹，看着他们很快进入甜蜜的梦乡，我们所有的疲倦和辛苦一扫而光。

建校初期，这样的工作我们不知完成了多少次，更记不清有多少个假期、周末战斗在施工第一线。当老师在暑假、寒假、五一、十一甚至在一个双休日后，走进校园，走进办公室，发现有了花草，有了网络，有了空调，有了宣传展牌，有了矿泉水喝，有了办公应有的设备，我敢说这无不凝聚着后勤服务人员辛勤的汗水和艰苦的劳动。每当大家谈论起加班费的时候，我们总是一笑了之，因为我们没有拿过一块钱加班费，没有享受过一点特殊待遇。尤其遇到校舍装修改造时，即要按时保质保量完成，又不能影响正常上课，这就注定后勤人员不仅要牺牲休息时间，更要牺牲个人利益，没有点牺牲奉献精神就不可能攻克一个个难关，就无法做好服务保障工作。

教师合力搬运花木美化校园

10. 关键时候冲上去

后勤既是一个服务团队，更是一个战斗的团队，很多急难险重的任务都是后勤服务人员冲在最前面。

2009年11月10号的特大降雪，历时52个小时，市区降雪量达93.5毫米，累计积雪深度最大为55厘米。是石家庄自1955年有气象记录以来降雪时间最早、持续时间最长、降雪量最大的一次，它的破坏程度可想而知。人们一觉醒来，窗外的积雪几乎淹没了汽车，学校操场上碗口粗的树权被压断，车棚严重变形，库房、教学楼仍覆盖在厚厚的积雪下面，时刻都面临着坍塌的危险。当时市里下达了停课五天的通知，为确保人员和校产安全，我和几位男老师成立了应急小分队，在膝盖深的积雪里清出一条道，向车棚、库房、教学楼顶进发。车棚的前沿已完全变形，后半部还在钢柱的支撑下危危伫立，雪厚，脚下光滑，车棚又随时可能彻底坍塌，"我上吧，我体重轻，不易踩塌车棚。"我推开几个年轻人，忘了恐高和危险，直接爬上了车棚，一锹一锹的往下推顶上的积雪。雪太厚了，又经过一夜的积压瓷实得很，我们几个人半天也就清理了一半。接下来几天我们除了参加区里组织的党员突击队，清理道路积雪，就是回校自救，学校放了五天假，我们整整干了七天活。这就是后勤保障，孩子们上学时，绝不能在积雪中行走更不能在可能坍塌的楼里上课，就算是院内压弯的树木枝杈，我们也是一棵棵的锯断清理干净，不留任何隐患。

老校区的暖气片也给我们制造了很多麻烦，它的放气阀基本与课桌面平齐，学生们只要移动桌椅就很容易撞断放气阀，铅笔粗的水柱马上像水枪似的喷射而出。老旧暖气即关不住又无法减压，眼看教室墙壁被水冲出一个坑，我们只能先用毛巾堵住喷水口，再摸索着用木楔把它封上。70多度的热水打在脸上像针扎一样疼，衣服几乎全被打湿，开始是滚烫，一会儿就会是冰冷。

一次一名学生爬在窗户往外看，踩裂了脚下4厘米粗的暖气回水管，顿时浑浊的热水夹杂着怪味打在对面的黑板上。我们接到通知,整个屋子已是雾气迷漫,像澡堂子一样,教室地面上已有两三厘米的积水,水柱打在黑板上发出强有力的"啪啪"的声音。没得犹豫,我迅速抄起一块毛巾去堵,没想到它不像放气阀只有铅笔粗细,一只手基本可以堵得住,四分管的压力就大多了,瞬间把毛巾打到了对面的墙上,热水再一次喷了出来。为减少出水量,我只好用脚踩着管道口,尽管热水像水枪似的呲得我睁不开眼,但我还是没忘给物业和男老师打电话求援。就这样,在物业赶到前的一个多小时里,我和几位男老师轮流用手堵着出水口。70多度的热水从手缝打在苏老师的眼镜上,他立刻失去了方向,手稍一松,水柱再次喷射而出……等大家清理完教室积水,修好管道,恢复了供暖已是夜间11点多,我这才发现所有男同志鞋子里都灌满了水,身上的热水已不再冒气,个个边发抖边呼噜头上脸上的水,李老师不失时机地来了一句:老姚,泡好了给咱搓搓呗!逗得大家一阵苦笑。

这件事让我发现了老旧设施的严重弊端,第二年夏天,我下定决心对暖气阀门进行了改造,在每个教室都安装了上下水阀,此后再也没有闹过大的"水灾"。

一天放学之后,我和往常一样巡视教学楼和操场,单杠场地上几个学生围在一起正叽叽喳喳地议论着什么,见我走过来他们迅速闪到了两边,我看见"琦"正手捂着嘴痛苦地呻吟着,手上和地上还有一些血迹。我一把拽起他"能走吗?"他点了点头,"赶快跟我走"我命令式的口气不容他迟疑，很快把他带到了马路对过省医院的急诊室里。大夫处置期间，我拨通了班主任的电话，请她了解情况后再通知家长和教育处，做好调查和安抚工作。"琦"的母亲 20 分钟后就到了医院，看到孩子满嘴是血，非常激动，她一面指责我一面不停地打电话，很快五六个亲属先后赶到了医院。他们你一言我一语，矛头全部指向了我。这时候大夫说要做一些必要的检查，需要先交两千元的押金。一位亲属指着我的鼻子说：听见没有？赶紧交钱吧！因为走得急，我也没有带那么多现金。我一再跟家长们解释，咱们不是来吵架的，现在也不是追究谁的责任的时候，给孩子检查治疗才是当务之急。下来我们可以坐下来慢慢聊，该是谁的责任就是谁的责任，学校绝对不会逃避。但是，几个姑姑、姨姨根本不听你说话，还是不依不饶的喊叫着："你们学校是怎么管的？把人磕成这样儿了还没责任？我去教育局告你们……"我再三劝说，我带的现金不够，大家先垫上，事后该谁出谁出，要是真没处出了我个人出，别耽误孩子治疗。一通好说歹说他们才拿出几百块钱交齐了押金。等孩子一进检查室，家属们又七嘴八舌地训斥起我来了。这时，一位急诊科的大夫实在看不下去了，他走到家长们跟前说：这是医院，你们知道不知道？能安静几分钟吗？你家孩子受伤了，人家老师带他来处理，你们不问青红皂白冲人家老师乱喊叫，有素质吗？像个当家长的吗？再吵你们都到院里去！这几个人算暂时安静了一会儿。时间不长，班主任和两位家长同时赶到了医院，他们介绍了当时的情况：放学后，有几个孩子搞完卫生,没有及时离校,而是在操场玩了起来。"琦"双手抓着单杠,另外有几名男生抓着他的腿往下拽,"琦"支撑不住,双手脱落,嘴正好磕在了场地砖沿上。另两位学生的家长当时表示,他们已经批评了孩子,也愿意承担医疗费用。不一会儿"琦"出来了,检查没什么大问题,只是口腔部分软组织被牙齿磕破形成了一个创面,下巴有外擦伤,需要上几天药,打三到五天吊瓶消炎。这时两个同学也过来向他道歉,"琦"努着裹满纱布的嘴说:"没事儿,现在不疼了。其实我根本就不知道是谁拽的我。"三个孩子没有几分钟就玩到一块去了。整个事件处理完已是晚上 11 点多,几位家长执意要叫我们去吃点夜宵,我和几位老师婉言谢绝了。这类突事发件,容不得你商量、研究,如果处理不当,就会耽误孩子治疗,家长首先会向学校开火,将事态扩大;其次,家长之间互不了解,没人搭桥劝解,也可能会发生冲突。自己冲到前面,虽然受点误解委屈,但是孩子及时得到救治,并化解一场矛盾冲突,我觉得很值。

大雪后校园一角

大雪后校内自救

11. 两次剩饭引发的故事

随着每年招生和新教师的加入，一些小问题总是说了就改，改了还犯。诸如不能随手关水关灯，用餐时剩饭剩菜等现象时有发生，为培养学生养成节约习惯，从源头上杜绝浪费，我们首先是在设施上做文章。比如洗手池的水龙头，我们把它更换为按压式，根据学生洗手时间调整弹起时间；卫生间冲水阀改成脚踏型，踩下之后会自动弹起；把馒头花卷的个头缩小一半，饭铲、打菜勺使用小一号的。其次就是营造宣传氛围，开展节约教育活动，提出"华英人爱惜粮食，华英人杜绝浪费"等宣传口号，在餐厅和垃圾桶、洗手池、灯具开关等地方张贴节约小提示，时刻提醒师生注意节约。三是注重言传身教，强化日常管理，要求学生做到的老师先做到，要求老师做到的领导先做到，要求领导做到的后勤先做到，还设置了少先队监督岗，检查纠正不良行为。

我每顿饭都会站在垃圾桶前提醒孩子们吃干净，不浪费，养成了十几年始终最后一个吃饭的习惯。一次一个孩子剩了半盘饭菜，问他原因他说菜太难吃了，我问他能不能把这些剩饭吃掉，他摇了摇头，我接过盘子吃完了那些饭菜，抹抹嘴说："味道不错，没有你说的问题呀。记着，下次一定要少取勤打。"孩子脸红了，很认真地点了点头，我摸了摸他的脑袋让他回教室了。

孩子们也经常会做一些鬼灵精怪的事情，比如馒头要多了，不吃完不行，吃又吃不下去，这时他们就会故意把馒头扔到地上沾一点泥，然后端着盘子走到你面前说，馒头掉地了，不能再吃了。我对付他们的办法是让他们去再打一个馒头，然后吃掉。你看他们的脑袋摇得像拨浪鼓似的："老师求求你了，千万不要让我再吃了！"

还有的小家伙儿，吃了一半儿觉得菜的味道不是那么对自己的口味，也会想些办法把菜倒掉。"老师菜里有东西，"他故意把声音喊得很大，我用勺子扒拉来扒拉去，里边原来有一块桂皮，我说：少见多怪，不就是一块炖肉的桂皮吗？我还以为吃出大象了呢，继续吃吧，这么贵重的调料可不是谁的盘里都能有的。几天后，又有一个孩子大喊：老师菜里有个东西，这时一个男孩子走了过去，学着老师的口气说，我以为吃出大象了呢，不就是个海米吗？逗得老师们也忍不住笑了。

　　也有调皮的孩子会偷偷把剩饭倒进水池或厕所，这可能是饭菜凉了或口味不对，有时可能是孩子身体不舒服，所以发现问题我们也不会简单处理，而是先问明原因，再进行适当的批评教育。一次六年级的小胖子端着餐盘走到我跟前怯怯地说：老师，我肚子不舒服，实在吃不下了。我接过餐盘问他为什么，他说自己感冒了，肚子也不舒服，早上就没有吃饭。我摸了摸他的脑袋并不发热，知道他不需要回家，自己也带了药，"空肚子吃药可不好，而且下午还要上课，不吃饭怎么行呢？给你弄碗面条吃怎么样？"他使劲地点了点头，我让他在餐厅坐下，十几分钟后师傅们端来一碗鸡蛋面，孩子吃得很香，"谢谢老师，今天的面比我妈妈做的都好吃。"也是从这个孩子起，学校有了病号饭，只要提前半小时上报，师生都能吃到可口的病号饭。

　　在石家庄，家长们最认可的就是华英的饭菜质量和热情服务。他们把正在长身体的孩子送到学校，不仅要让孩子学知识，更希望饮食安全营养，孩子健康成长，也正是出于和家长同样的考虑，食堂在饭菜质量、品种、味道、保温、保鲜上不断下功夫，成为省会学校标杆性食堂，它特有的节约文化也声名远播。

第三章　提升团队执行力

打造一支能吃苦，能战斗，讲奉献的服务保障队伍，是保障教育教学活动正常开展和学校全面发展的根本保证。服务队伍也正是在完成各种急难险重的任务中得到锻炼和提升。

12. 校区搬迁 创造奇迹

在 2011 年的旧城改造中，我区一所中学位列其中，当住宅部分已拆迁完成后，学校的安置和拆迁却成了问题，随着时间的推移，学校成了动不了、没法动的最牛"钉子户"。每拖延一天，各级政府都承受着巨大的压力，能否在市里确定的供暖前（11 月 14 日）完成搬迁也考验着教育系统的全局意识和执行能力。鉴于金柳林校区在建，原定三月份启用的情况，区里决定柳林校区提前交工使用，以解决校舍周转难题。工期一下提前了三个多月，设施能不能到位？

天寒地冻，孩子们能不能正常上课，这无疑是一个巨大的挑战。为此，柳林人付出了巨大的牺牲，也交出了满意答卷。

　　学校接到校区搬迁的指示是在2011年的10月下旬，距搬迁最后期限11月14日，只有半个月时间。当时的新校区还是一片工地，半个月让这片工地正常上课，这可能吗？好多人都摇头。当时校长正在参加一个国培项目，不能坐镇指挥，为了按时完成搬迁任务，我带着一名助手一头扎进了工地，从此开始了15个昼夜的鏖战。半个多月的时间里，我已记不清跑了多少趟教育局和施工队，也记不清开了多少次协调会，几乎天天都要盯到凌晨三四点，甚至一个通宵，实在熬不住了就在车上眯一小会儿。饿了买包干吃面，渴了喝瓶矿泉水。开学的前两天，大工程已见雏形，可是临时操场地砖只铺了一半，围墙还有几十米的缺口，大门口无垛无门还是一片瓦砾。教室橱柜尚未安完，整个教学楼内垃圾遍布，一片狼藉。这次我真急了，再次召集各施工队负责人下了死令：天明不过宿，连夜调拨人员，打攻坚战，天亮之前必须交给我一个干净利索的教学楼！当天晚上工地架满了探照灯，在千余平方米的操场上几十台翻斗车、铲土机同时作业，展开垃圾大清运。200多名工人在钩机、推土机的配合下平整场地、垫沙、铺砖。教学楼内安橱柜、刮腻子、检修水电，每一个角落都是人头攒动，热火朝天……一位到工地视察的领导感慨地说："看看这阵势，有这种劲头就没有干不成的事！"

　　最后一个难题就是保洁，施工队撤场距学生入住不足

20个小时，万余平方米的校舍门窗、墙壁灰尘污垢遍布，楼道里垃圾如山，教室里刚摆进去的桌椅已是东倒西歪，七零八落，桌面上除了脚印就是白灰沫。这样的环境怎么上课？我再次找到施工方，希望增派人手，加快保洁速度，给教师整理教室留出一点时间。然而，施工队以马上天黑不好找人和经费紧张为由一拖再拖，"马上去叫50个人来，我从家里拿钱，干完现结账！"这句话我基本上是吼出来的，事后我觉得有点失态，但在那种情况下，如果有把枪我还真想撂倒几个，喊几句那算是文明的。

教导处苏主任是一位帅气的小伙子，当时刚30出头，业务好，人也义气。他白天要上课，脱不开身，就晚上跑到工地来。用他的话说：我不懂工程也不了解项目，我就是来陪陪哥哥。连续几个晚上下来，他就变成有"痔"青年了。而我这个老"痔"患者，在那300多个小时里，尤其是11月中旬的石家庄，夜里已经是零下七八度了，我一站就是10几个小时，痛苦的程度可想而知。记得有几个战友一直想约我吃顿饭，见个面，聊聊天儿，可是那段时间我始终都没有时间见他们。有一天晚上9点多，两位战友带着烧鸡和啤酒赶到了工地，在零下七八度的晚上我们在工地上摆开了场子，几摞砖头，几个塑料袋，那是我在最寒冷、最艰苦的条件下喝的最热乎的一瓶啤酒。看到现场的艰苦条件和工程的进度，他们无不担心："老姚啊，你说你一个小小的副校长，还真想把命搭进去吗？这破七烂八的，就算你玩命它也弄不成啊！""政府在后面督着，家长在等着，领导和兄弟单位都在看着，我没有退路，不成不行啊！"

11月14日上午7点，最后一堆垃圾运出操场，久违的校园歌曲响彻校园上空……7时30分，当近千名家长带着孩子们走进学校，他们震惊了，他们根本无法把这干净整洁的校园与昨天那片工地联系起来。搬迁成功了！被誉为"钢铁战士"的我此刻在临时办公室里流下了眼泪，这是我平生第一次流泪。因为也只有我知道今天的成功搬迁是多么来之不易！十几只队伍几百人参与施工，尤其是最后两天抢工期一天换好几拨人，别说工人连工头都认不清，整个工程又非政府投资，调动力量十分困难，现场的工人根本不听我这个校长吆喝。当地社区虽然给了很多帮助，但对能否搬迁，能否上课，认识不够，很多时候是听之任之，没有紧迫感，以至于我的协调工作举步维艰，寸步难行，只能像项目经理一样一个点一个点地催，一个面一个面的过，一个人一个人的跟他们讲道理说好话，甚至自己出钱给工人买烟买水，请求他们加快进度，把活做细。一方面是上级"按时搬迁"的政治要求，另一方面是家长的百般不解和阻挠，还有各个施工队的"按部就班""不慌不忙"，甚至不听吆喝，可以说这次搬迁是历经磨难，忍辱负重，九死一生。后来，区教育局金文华局长总结说：成功搬迁是一个奇迹，是桥东教育史上的奇迹，金柳林这支队伍能打仗，更能打胜仗！

第二章 提升团队执行力

搬迁两天前的施工场景

搬迁后第一次升旗仪式

区领导视察工程进度

上课一天前的楼内景象

13. 物品搬运 昼夜鏖战

11月11日是个周五，学生还在老校区正常上课，从学生放学到第二天交给兄弟学校，只有一夜的时间，一夜必须清空所有的东西，这不仅是兄弟学校的要求，也是上级的指令。此刻的我已是分身无术，但又必须要沉着冷静、大胆精准。让我感动的正是我手下的几位老师，他们不论男女，不论年龄，有的同志正在休病假，听到号令二话没说，立刻投入到紧张的搬运劳动中。"一组的同志负责装车，二组的同志现在就去社区联系仓库，三组负责押运，贵重物品一定要轻拿轻放，一步到位，避免多次搬动造成机件损坏……"搬家公司的四辆车和近20位壮小伙子不停地在新老校区间穿梭着，一车车物品根据分类放在教室、办公室等不同的位置。当时的办公室还没有门窗，但上百台电脑就放在里面，为防止丢失损坏，八位男老师身穿大衣，整夜整夜在没门没窗的教室里轮流值班。眼看到了凌晨三点多钟，搬家公司的师傅已是人困马乏，任凭我们怎么催促躺在地上的破纸箱上一动不动，后勤一位老师见状非常着急，找到他们的头说："还有一两辆车就完事了，再坚持一下，每车再加点钱。"没想到那个一直低头干活的小伙子猛地从地上坐起来怒吼道："你给老子一百万也干不动了，我想挣钱，但更得要命。"他布满血丝的眼睛和既疲惫又愤怒的神情至今留在我脑海里。人毕竟不是机器，是有极限的，再多的钱都无法让人超越这个极限。为了在天亮前完成物品搬运工作，我只得带着几位教师自己开始干，而就在这时一辆车的钥匙又被施工队拔走了，理由是车辆压坏了刚铺的地砖，要交2万块钱恢复费才放行。这明显是在讹人，因为在车进来之前我是跟村干部和施工队打过招呼的，也是他们同意把车开到门口卸货的，眼看时间一分一秒地过去，我的每次协商也都无果，我没想到在这么紧急的时刻他们竟然能做出这样不顾大局的事，我顿时觉得异常气愤和无助。真想掀翻桌子痛骂这帮没有素质的家伙，可那能解决问题吗？最后我还是压着怒气再次找到他们，表示如果地砖确实需要维修，费用由学校承担，如果还不行的话，天亮我先垫上这个钱，这才勉强要出钥匙，让搬运车继续工作。当最后一车物品卸下车，东方露出了鱼肚白，一夜鏖战，大家忘记了性别和年龄，忘记了时间和劳累。这一夜我们六七个人共动用车辆60余台次，搬运大小物品7000余件，无一丢失损坏，这不能不说是校舍搬迁史上的一个奇迹！而创造这个奇迹的正是这些敢打敢拼、忘我工作、默默付出的后勤人。

在学校成功搬迁的庆功会上，区长对我校在极短的时间里克服种种困难，圆满完成搬迁任务给予了极高的评价。接手学校的书记特意端着一杯酒，走到我的跟前道：小姚啊，你辛苦了，谢谢你们，真没想到一夜之间你们搬得干干净净，连教室卫生都给打扫了，华英真是个了不起的学校，英强（校长）有你们辅助真是有福啊！

陪同教育局领导慰问一线教师

14. 回复热线 予情予理

学校即将搬迁的消息从各种渠道流向社会，部分住在老校区附近的家长嫌离家远，对学校搬迁非常抵触。他们以各种方式向相关部门进行投诉，以各种理由阻挠学校搬迁。从11月份开始，我多次接到请速回复"××热线"的通知。当时工程进度压倒一切,安全稳定更是重中之重,为不影响正常教学秩序,实现平稳搬迁,在局领导的亲切关怀和指导下,我一面盯工地一面又挑起了回复热线,与家长沟通的担子。家长们投诉最多的是新建校空气质量不达标,孩子们会受到有害气体伤害;搬迁匆忙一定会出现边施工边上课的情况,违反相关规定;新校区远离市区,学生上放学路途遥远,交通问题不好解决,上放学安全没有保障等问题。

首先,学校在设计初期就考虑到环保问题,室内全部使用"多乐士"环保漆,门窗课桌椅除定制环保产品外都提前60天到货,在室外通风放味处理,学校还做了室内空气检测,报告显示各项指标均符合国家在标准。其次,此次搬迁确实匆忙,但学校保证各种设施均符合使用标准,开学后也不会再施工,有收尾或完善项目也在周六日进行,不会影响正常教学。再次,考虑到家长实际困难,学校已提前与公交公司沟通,将2路车终点站延伸至学校,另外还有6趟公交车途经学校,此外家委会组织联系的接送班车也将在周日开通,学生上放学很方便。为保证学生通过路口安全,学校联合社区成立了安保护送队,上放学时护送学生通过路口,安全登车。本着实事求是、认真负责的态度,就家长关心的问题我一一进行解答。我想:家长们的担心不无道理,他们为孩子着想的心情可以理解,学校所做的一切也是为孩子们好,我们的目标是一致的,只要站在对方的立场多一点理解和宽容,就没有解决不了的问题。为了让更多家长了解实际情况，后勤精心编写了"新校区搬迁20问"详细解答了家长关心的各类问题，通过校网、微信和书信等方式发给在读生家庭，征得更多家长的理解与配合。

但是，到最后还是有三五个家长认为学校在骗他们，政府和学校都穿一条裤子，他们继续不断地给教育局、环保局、市长热线等部门打电话反映问题，诉求就是坚决不搬迁！甚至还有的情绪激动，说不满足他们的要求，他们就会锁住学校的大门，封堵学校门口的马路。针对这几个家长，我主动与他们对接，把个人电话留给他们，承诺24小时全天候接受家长的咨询和来访，有问题随时都可以找我。在班主任的帮助下，我挨家挨户地到他们家里去沟通，该解释的解释，该表态的表态，把家长的疑虑一点点打消。最终有一位家长表示，她已经能够理解并接受学校的搬迁，但是她却不能让孩子一起过去。原因是她的爱人常年在外地工作，她自己在开发区上班，每天很早就坐班车走了，家里只有一个腿脚不方便的婆婆，连自己都照顾不了，怎么照顾和接送上放学的孩子呢？鉴于这种情况，我们征得她同意之后，主动为他联系了就近的学校，成功为孩子办理了转学。有时候家长们"不近人情"的背后，都有着这样那样自己无法克服的困难，能站在家长的立场去看待和解决问题，才是化解矛盾最有效的办法。

11月11日距搬迁还有两天时间，晚上8点多钟，几位家长来到现场，要实地查看建设进度，出于安全考虑，工地负责人没有让他们进门，家长们情绪激动与工人发生了争吵。听到声音我迅速赶了过去，一面了解情况制止工人，向家长们作解释工作，一面让人取来安全帽和手电筒，领着家长们一层楼一层楼的转，看到教室桌椅黑板甚至饮水机已经到位，而且没有任何异味，他们表示满意。但当看到部分教室橱柜和操场地面围墙还没有完工时，他们非常担心：还有两天，这些活能干完吗？14号能正常开学吗？我坚定的表示："能，一定能，必须能。最后这60个小时我和工人们都不会再休息，保证周一（14号）呈现给大家一个满意的校园！" 9点多钟助手送来两个面包和一瓶矿泉水，提示我吃点东西。家长们得知他们面前这个半腿泥土，胡子拉碴，眼角布满血丝把工程讲得头头是道的竟然是校长时，觉得很是歉意："校长啊，不是我们找麻烦，时间这么紧张我们实在是不放心啊。"我讲："都是为了孩子，我非常理解大家，其实我们目标是一致的，如果耽误了开课或让孩子们受到伤害，那就是我的失职！"最后我从搬迁预案到环保安全，从学生吃住行到各种应急保障，认真解答家长们提出的每一个问题。临别时他们表示：就冲有这样大器、负责、严谨的校长也放心了！我们正是用教育者的爱心和实际行动赢得了绝大多数家长的理解和支持，实现了平稳搬迁的目标，后勤人员也以自己的言行证实了学校为学生健康成长负责的良苦用心和真诚态度。

关注新校区启用的家长

15. 班车运行 难中求稳

因为新校区地处市郊，距市中心较远，应家长的强烈要求，学校同意由家长委员会牵头，学校与公司配合，依照南方发达城市模式开通接送班车服务。为此，后勤多次修改方案，进行实地演练，做了大量前期准备工作。但班车运行对我们来说毕竟是一个新鲜事物，11月14日班车运行的第一天就遇到了不少问题。面对问题，我没有责怪家长，也没有批评具体负责的同志，更没有拖泥带水，而是果断决定连夜调整方案。调整后，班车由公交车调整为旅游车，并由2辆增至3辆；跟车教师由每车1人增至每车2人，点名方式由单点改为点名与发卡划勾相结合。第二天，家长们就对学校的工作态度和处理结果表示满意。然而，16号甘肃庆阳就发生了重大校车事故，从此，"校车"就成了上到中央下到百姓关注的焦点。作为三方合作的代理服务项目，学校在三天后就备齐了各种材料，并逐级上报，然而没有哪个部门给盖章或接收你的材料。有些职能部门就是这样，在处理一些敏感问题时，他们一方面是严查严管，让你依法依规行事。而另一方面，他们却不会接受你报来的任何材料，更别说是审批了。这种现象非常令人不解，但又时常遇见。在那一段时间里，我经常会接到班车被扣的电话，也好几次到现场协调处理。还有几次被请到相关部门去谈话，要求说明车的属性，为什么一直还在运营等等问题。面对这项风险高、压力大甚至费力不讨好的工作，很多人不理解，认为这是在出风头，甚至还遭到少数领导的质疑，批评我们"没有政治头脑""顶风上""不要命"。得知消息的家长纷纷打来电话：姚校长，你可要坚持住啊，如果取消班车，那百十个孩子怎么办？我们的困难谁来解决？难道"一切为了孩子"只能是一句空话？……顶着来至方方面面的巨大压力，我在强化安全管理上狠下功夫，保证这个新鲜的事物不出任何问题。面对批评议论我和同事们说：办学为的是什么？只要对孩子们读书成长有利，我们受点委屈甚至挨点骂都不算什么。

近几年，家委会在年级、班级的全面覆盖，确实解决了很多隐性、边缘性的敏感问题。目前班车运行，也从家长、公司、学校三方合作的模式完全交由家委会来管理，彻底走向市场化，学校的跟车教师也全部撤下，统一由公司招聘培训，然后上岗工作，学校不再参与班车的运行和管理工作。无论接送班车是"白猫"还是"黑猫"，都是因为有需求，所以它才有市场。从最早的两条线跑到了现在的七条，从2辆车增加到了8辆，基本覆盖了石家庄各个区域，也确确实实解决了部分家长们接送难的问题。目前，我们在积极与有关部门沟通联系的同时，也在寻求爱心企业资助或新型运营平台的诞生，希望在不久的将来，孩子们能坐上即安全经济又合法合规的校车。

幸福班车

16. 午餐配送 竭尽全力

正如我们所担心的，学校搬迁后，食堂仍处于在建当中，几百名学生用餐又成了后勤遇到的又一巨大难题。租场地或借用社区礼堂都考虑过，租场地需要按卫生防疫要求改造操作间，不仅投入大时间上一样不宽松。借礼堂同样需要改造装修，而且社区各种活动也在礼堂进行，无法保证每天正常用餐。无奈只得做出暂用老校区食堂，租车运送的方式保障午餐。为此，全体炊管人员承担了巨大的风险，也付出了更多的辛苦和代价。为了保证时间和质量，食堂师傅由10人增至14人，他们早上5点就要上班，离家远的师傅4点就得起床。为保证冬季饭菜温度和雪、雾天正点开饭，从租赁一辆车又增加到两辆，从普通货车又改为箱式保温车，并为每台车配备了防滑链、铲雪锹等器材，往返二三十里，路况、天气都无法预知，这一拉就是三个多月，餐餐拉来，饭后再把餐具运走清洗消毒。能保证大几百人吃上饭，而且卫生达标，质量不降，这其中的辛苦恐怕只有后勤的同志们才能体会得到。

记得刚运饭的时候，为了省钱，租用的是一车辆老旧的小箱货，有一次出门不久就抛了锚。司机师傅一阵忙活之后，车子又动了起来，可是没走几里路又熄了火，这回是怎么鼓捣也动不了窝儿了。当时离学校还有十几里的路，眼看离开饭时间越来越近，不能让孩子们吃不上饭呀。有人试着去打车，可人家一看这箱箱罐罐、汤汤水水的根本就不拉，再说一下要打好几辆车那也不可能。师傅们急得直搓手。有人说赶紧租一辆货车，可等你找到趴活的车子再赶过来，黄花菜也凉了。这可怎么办？最后我只好给老师们发了一条校讯通，请有车的老师迅速来救救急。十几分钟后五六位老师开着自己的车赶到了现场，大家跟师傅们一块七手八脚地把饭菜一箱箱、一盒盒的装到自家的车上。为了跟饭菜同时到达学校给孩子们分餐，师傅们挤在车里，有的腿上放了两个盒子，有的怀里抱着一个保温桶，那个难受劲儿就别提了。为了避免再次出现此类问题，后来还是改租了一车辆车况比较好的车子，并让公司留有备用车，以应不时之需。

另一次是天降大雪，运饭车行至桥上突然抛锚，随车的几位师傅纷纷下车帮助推车。可是雪天路滑，车子又处于上桥路段，别说把车推着火，就是让它挪个地方都很困难。师傅们只好一点点把车子推到下坡处，把饭菜保温桶卸下来，再接着推车，来回几趟车子终于打着了火。为了减负，师傅们决定走到学校。路面的积雪被车压的又硬又滑，可他们都穿着大雨鞋，深一脚浅一脚，行走起来十分困难。为了赶时间，师傅们干脆跑起来，好几个人摔倒了爬起来继续跑，虽然只有两三里，外面还是冰天雪地，可他们赶到学校个个已是满头大汗。领头的付师傅看见我站在门外候着，紧跑几步说：不好意思，我们是不是晚了？后来我问他们：为什么不坐公交车而非要走到学校呢？他们说上班儿的时候穿工作服，身上都没有带钱，想坐公交车也坐不了。那怎么不打车呢？我又问。打车得打三辆才能拉走我们，打到三辆车的时间肯定比走来还要慢，还得花好几十块钱，值不当的。这就是一个月才挣千把块钱的炊事员，他们负责的态度，敬业的精神深深地感动着我。我想，一个好后勤不等于是一所好学校，但一所好学校肯定离不开强有力的后勤保障。一位炊事员、一位保安、一位维修工，不管他们在什么岗位上，都是教育这台大机器上的一根螺丝、一个零件，只有这些零部件都处于最佳状态，我们的机器才能开得动、跑得快。

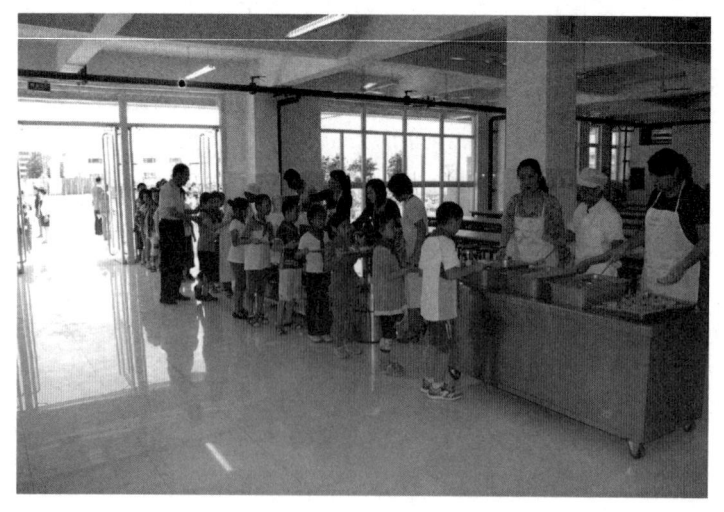

教师为学生分打午餐

第三章 提升团队执行力

食堂操作间一角

第四章　创造服务新模式

创新是我们这个社会最需要又是最缺乏的，后勤工作已形成了很多固有模式，大家也都按部就班，照章行事。但在实际工作中，很多老习惯，老方法正在制约着我们发展，迫使我们不得不打破那些"老规矩"，寻找出更适合学校和学生的新方式。

17．3+2 确保安全无死角

学校地处石家庄北出市口主干道 107 国道旁，道路宽，车辆多，车速快。而学生上放学又必须要跨过这条马路，周边是商户云集的汽配城和正在拆迁的柳林铺社区，可以说安全形势十分严峻。面对复杂的安全形势，家长担心不无道理，教育局领导也多次现场指导学校安保工作。学生安全牵动着每一个人的心，后勤的同志们深知责任重大，可是如何破解安保难题呢？原先的安保形同虚设，收发室里的一位退休老师傅也就是送送报纸看看门，其他一概不管。后来上级配备专业保安，不过每校最多两人，同样是上课期间负责校门口安全，根本做不到全天候，全方位。根据学校的实际需求，我们提出了"购买服务，三位一体"的安保理念，分时段借用社区治保会的力量，经过缜密调查研究，在社区治保会的配合下，校内安保队应运而生。安保队由8人组成，按岗位职能分为上路勤务组、安全警卫组和夜间巡视组三个小组，分组、分时、分岗值班，统一调度管理。在带班领导和教师志愿者督导协助下，把安全工作从校内延伸到了国道和公交站，从8小时延伸到了24小时。全天候、无缝隙进行安保服务，把安全工作做到师生需要的每一个角落。

上路勤务组由2人组成。每天早7:10至8:10值早班，岗位在国道与校路交叉口，任务是疏导、管控车辆，引导学生有序、快速通过马路；下午4:30至5:30值下午班，岗位在公交站台，任务是防止学生横穿马路，奔跑上车和受到社会不良青年侵害。安全警卫组由4人组成，早7点至晚7点值班，岗位在校门口，上放学时段4人同时上岗，管控车辆、疏导行人、护送学生。其他时段2人在岗，负责出入人员车辆管理和周边安全监控。夜间巡视组由2人组成，每天19点至次日7点值班，夜间不准睡觉，负责校内重点部位及周边安全情况巡查。据不完全统计，仅上路勤务组一年上路执勤270余次，疏导车辆、护送学生上下学近13万人次，未发生任何安全事故。3+2安保模式保证了师生和校园的安全稳定，为打造幸福校园奠定了坚实基础，2012年学校被市教育局命名为"和谐安全校园"，2014年被石家庄市评为唯一一所小学类"安全示范校"，向全市小学推广了经验。

经过多年的奔走呼号，107国道的过街天桥，终于在2017年的9月份竣工并投入使用。天桥的启用，大大降低了学生过马路的风险系数，也缓解了该路段的交通压力，但我们的安保工作却没有丝毫的放松，三支队伍还在岗位上为师生安全继续认真工作着。

市安全管理示范校授牌

大雾天教师志愿者值班

接受省厅健康生活示范单位评估

接受消防检查

18. 3合1解决学生乘车难

学校地处市郊，大部分学生离家较远，为解决学生交通问题，我和后勤几位同志不停地在公交公司、交通局、交管局之间来回跑，请求增设站点，加开车辆，增设标识，保证学生安全出行。努力终于有了结果，公交公司同意将学校设为站点，并在上放学时段增加车次，大部分学生交通问题得到了解决。但是，仍有部分应家长反映离家太远，坐公交要倒几次车，大部分时间扔在了路上不说，还经常迟到，放学回家也很晚，他们不放心。为解决这部分学生的交通问题，学校受家委会委托为家长和公司牵线搭桥，以"家长、公司、学校"三合一的方式开通班车服务。为做好这项工作，校方制定方案，出台管理制度，派出跟车教师，予以困难学生家庭乘车补贴，为班车安全准点运行做了大量工作。

  首先，是学生乘车信息的统计。每个学期末，我们集中统计下学期乘车信息，在招生时收集本学期乘车情况，根据所报人数和线路分布情况安排车辆；其次，是线路站点的设置。每条线上都有多个停靠点，既要考虑位置明显易找，相对集中，又要考虑站点与站点之间的距离和家长接送是否方便。每学期开学前，学校都会组织各线路车辆进行实地演练。几点发车，几点收车，到每一个站点是几点几分，停多长时间，时间要精准到上下不差两分钟。这样家长才知道什么时候送，什么时候接。遇到雨、雪、雾、霾等特殊天气，车辆按所到站点顺序自然后延3、5、8、12……分钟。极特殊的情况跟车教师会电话告知家长接站时间；第三是跟车教师。这是保证乘车有序安全的关键，学校先后安排了二十多位负责任的教师轮流进行跟车服务。他们的主要任务是：提醒司机关注路况，保证安全和时间。做好人员清点和记录，关注上下车安全，维持乘车纪律。各个站点什么时间到，各上下几个人，必须一清二楚。遇到家长不能按时接走的，最多在本站等候3分钟，3分钟仍不到的，车辆出发，电话通知家长到下一站去接，遇到家长失联或特殊情况无法接孩子的，在车辆到达终点后，采用其他交通工具把孩子送回家，费用由家长承担。

几年下来，班车从 2 辆增至 8 辆，线路从 2 条线增至 7 条线，基本覆盖了石家庄各个区。班车把每一个孩子安安全全接到学校，又平平安安送回家。学校为解决学生困难，确保学生安全高度负责的态度、严格的管理、热心细致的服务受到家长们的充分肯定和高度赞赏。为这一颇有争议的特殊服务，给出了满意答案。目前，班车已完全交由家委会管理，跟车人员也由班车公司负责招聘、培训和管理，学校除提供必要的学生信息外，已完全退出了管理行列。

我想，适合的才是最好的。任何一项服务，只要以人为本，务实创新，满足需求，它的存在就是必要的。

保安站台护送学生

19. 餐饮服务树标杆

学校校食堂在内部管理上，推行军事化管理与市场化运营相结合，将程序化操作与人性化服务相结合；始终坚持安全第一、不外包、不盈利的三大原则；坚持炊事班长负责下的军事化管理模式，职责明确到岗明确到人，严把食品卫生每一道关。对食品采购、入库、出库、制作、分打等各个环节都有严格的制度规定和流程控制。2015年我们又根据工作需要制定了食堂标准化管理手册，使各岗位操作有据可依，有章可循。首先是严把采购关，重在质量：蔬果采购原则是定点、当季、当地，少用或不用反季蔬果；禽蛋肉类采购也是定点、新鲜并且有溯源证；米面油类及调料等均在大型超市订购并按规定索证；其次是严把操作关，分拣、清洗、切配、烹炒都在视频监控下完成，同时注重油、盐、调味品等用量的控制，厨师严格按照健康食堂的要求制作主食菜品，使食堂饭菜即符合卫生要求又健康营养、可口好吃。操作完成后，每样菜品留样封存备查，按规定填写每日工作日志。

几年来，我们请市场监督管理局及相关部门的专业人员到校授课，炊管人员每学期至少培训2次以上，时长不少于10小时；同时我们每学期坚持最少两次的炊事员食品安全和烹饪技能竞赛是炊管人员教育培训的固定内容。整个餐饮服务团队在学习和实践中不断提升操作水平和食品安全卫生责任意识。

在强化内部管理，坚持操作程序化、制度化的同时，更加注重配餐的精细化科学化。每日供餐除了控油少盐外，食堂每个季节都会调整食谱，不光对谷物、豆类鱼虾肉类进行合理搭配，汤类也会随着季节变化做出调整。冬天多喝大骨汤，秋季雪梨银耳汤，夏季绿豆汤。不舒服的师生还会吃到可口的"病号饭"，少数民族师生不仅生活习惯受到尊重，还能在特殊节日吃到师傅们精心准备的具有民族特色的菜肴。食堂对在校师生信息进行收集整理，为当天过生日的师生集体点蜡烛、切蛋糕、唱响生日歌。很多孩子被千人同唱生日歌的宏大、温馨场面感动的泪流满面。他们从这并不华丽的蛋糕和伙伴们真诚的歌声中感受到了家的温暖。一位毕业生说：那是我迄今为止过得最难忘的一个生日，它可能要感动我一辈子。这就是服务中的教育，教育中的幸福。2014年，学校又开设了早餐服务，一颗鸡蛋、一杯豆浆、两个小菜、两种主食一周不重样的"一一二二"早餐服务再次受到师生们的热捧。2016年我们又聘请了一名专业营养师，每周为师生制定营养全面，搭配合理的菜品和食谱，受到师生的赞誉。

食堂还是长安区最早荣获"明厨亮灶示范单位"的单位，"明厨亮灶"将操作间、凉菜间、洗消间等关键部位和重点环节，通过直观形式通过监控在电子屏上予以展示，使

"后厨"可视、可感、可知,接受学生、家长及群众的监督,彻底改变"厨房重地,外人莫入"的不透明状况。可以说,餐饮服务人员十年如一日,严格执行食品安全各项规程,以"饭菜质量高、内部管理严、硬件设施好、卫生消毒细"著称,深受学生、家长和社会各界好评。先后荣获河北省"健康生活示范食堂"、石家庄市"中小学安全示范校"、石家庄市"食品卫生安全示范单位"长安区"明厨亮灶示范单位"等荣誉。2016年通过省A级食堂量化考核,是我区通过考核为数不多的学校之一。

为切实提高学生在校学习效率,让家长从三餐和作业辅导中解放出来,学校还在小学高年级段(五六年级)实行日托制。即:学生早7:30到校,在校用一日三餐,18:30-20:30由教师进行当天作业辅导、培优补差,其后是10分钟准备,20:40由学校派车统一送至小区门口。这种模式的好处在于:①解决了家长接送和给孩子准备三餐的问题;②使孩子感受集体生活,学会自理、自立;③学生所有作业全部在学校完成,便于教师全面掌握每一个孩子的学习情况,有针对性地进行培优补差工作,提高学生在校学习效率,解决家长没时间或不能全面辅导孩子的难题,④即在校生活又不在校住宿,给家长与孩子更多见面沟通的机会,有利于亲情融合,构建和睦家庭,促进家校合作,提升教育实效。

班级食品安全教育

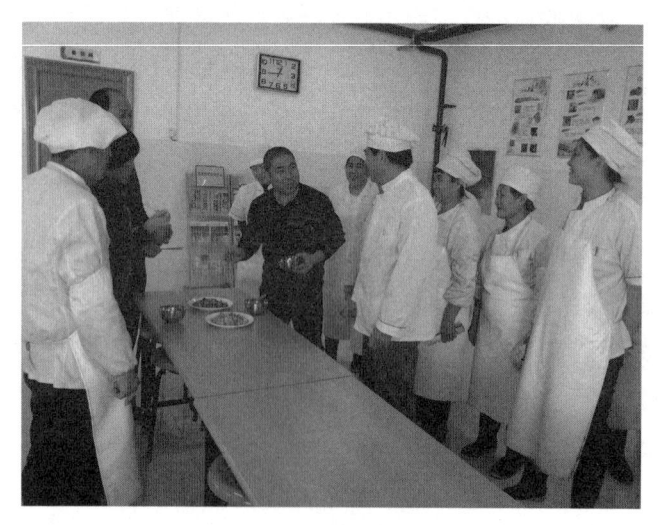

厨艺比赛现场

炊事人员营养知识培训

20. 设施维修网络化

物品管理维修是学校后勤工作的重点，也是难点，维修滞后，不仅影响教学办公，往往还会引发事故。回顾我们的维修服务管理，从最早的"等活干"逐步转变为"找活干"，这虽是后勤服务工作的一大突破，但终因人少活多，跟不上学校的发展而问题不断。老师们要修个东西，不是打电话，就是上门找人，而后勤有限的人手，除了备课、上课就是巡视维修，很难待在办公室里。一来二去，老师们觉得人难找，事难办，迟迟修不好，意见很大。而后勤的同志又觉得一天到晚忙不停，一会儿都没闲着，很是冤枉。

如何改变这种现状呢？搬到新校区不久，我们便联合网络公司着手开发网上报修系统。这个系统当时还是空白，完全是凭借后勤人员的想象和需求，要求专业公司进行研发。系统启用后，教职工发现物品损坏可迅速通过电脑或手机进行网络报告，维修人员在电脑或手机上随时都能看到报告信息，并根据物品损坏等级合理安排修理顺序。已解决的问题，维修人员会在报修栏内回复"已修复"，如在规定时限内未能修复（有安全危险的马上处理，影响教学办公的2小时内处理，一般物品当天修复，涉及专业技术方面的设备，一周内解决），主管领导就会收到系统的短信提示，督促维修人员做出进一步处理。

系统运行4年来，共接到维修报告3100条，按时限要求维修率达98.5%，网络报修的启用，一是极大地方便了师生，缩短了过程性时间。在有网络的地方老师们随时随地动动手指就可以实现网上报告，省去了过去跑腿、打电话、找人的繁杂程序；二是更有利于维修人员统筹安排，提高了修缮效率。学校沿用了几十年的由一两个人担任的巡查工作，交由全体师生共同完成，根据报告轻重缓急合理安排维修，避免了忙乱和撞车现象发生；三是增强了物品管理使用的透明度，起到了相互制约作用。因为物品损坏维修情况都挂在网上，哪个班级、科室报修了多少东西，是否及时修缮，打开网页，一目了然，对使用者和维修者都是一个监督和促进。

网络报修信息截图

21. 物品申领电商化

要说网络报修是问题逼出来的，那么，智能申领纯粹是互联思维的产物。以前，教师们要领点教学办公用品，肯定要跑到总务处去找人、填表、签字，再到库房去拿东西。但是后勤总是"人少事多"，往往领一样东西跑好几趟都找不到人，费时费力不说还耽误事，大家都不满意。我就遇到过这样的情况，老师们跑来告状说，她一天跑了三趟总务处都没找到人，一天的粉笔都是跟其他班借的，不知道后勤是干什么吃的？而后勤的两位同志即担任着课，又要负责两千多人的安全保障和吃喝拉撒，哪有空偷懒？他们都没错，但问题是确确实实存在的。近几年，学校有了智慧教室、网络考勤系统、学籍管理系统，后勤能不能借助互联网突破服务难题呢？受日益火爆的网购影响，后勤主任很快提出了"物品申领电商化"的概念，通过几个月与软件公司研磨调试，2013年9月，学校物品"申领系统"正式上线运行。

这个软件简单易操作，完全像在网上购物一样，只要登录数字化校园系统，点击"公共服务"中"物品申领"图标，就可查看到自己需要的物品是否有货，存量多少。然后选择物品确定数量，剩下的事情就是等待资产管理员送货上门了。它的成功启用，彻底打破了延续几十年的后勤服务模式，把老师们彻底从一支笔、几张纸楼上楼下跑好几趟的烦恼中解脱了出来，把"老师跑"变成"后勤办"。这种模式不仅贴心，更重要的是提高了服务效率，后勤确定每天上午9—10点为送货时间，老师们可以根据需求提前申报，不用再去找和跑，自然也就有了更多精力去关注学生，研究教学。后勤人员除了定点儿配送外也就有了更多时间去做其他工作。同时，系统把日常繁琐复杂的数据统计工作化繁为简，管理人员点点鼠标就可以获得相关数据，通过对这些数据的分析发现和解决物品管理、使用中存在的问题，不断完善服务管理。比如：某个班清扫工具非常耐用，全年只使用了定量的一半，我们就要研究这个班是怎么管理清扫工具的，适时的把这个做法向全校推广；再比如：某班的粉笔用量严重超标，某位老师红水笔用量较大，是存在浪费呢？还是他们平时辅导更多、看的作业更多？这些简单现象的背后有很多值得我们研究的东西。此外我们还可以通过数据掌握某种耗材一个学期或一年的基本用量,杜绝了断档、积压和浪费现象的发生。

后勤教师上门配送物品

22. 安全保卫智能化

"安全不保何谈教育"!安全工作是学校工作的重中之重,后勤是这项工作的具体实施者。实现安保全天候、无死角、智能化,是确保师生和校园安全的有效途径。我们把安保人员按岗位和职能划分为"路勤"、"门卫"和"夜巡"三个小组,由带班领导和教师志愿者督导协助,把安保工作从校内延伸到国道和公交站,从 8 小时延伸到 24 小时,把安全工作做到师生需要的每一个角落。在做好人防的基础上,积极引进科技设备,让科技在安保服务中发挥作用。根据学校地处偏远、远离市区,无法与 110 联网的实际情况,购置安装了校内警报装置。当门卫遇到紧急情况时,只要按下报警按钮,校内由 8 名青年男教师组成的"应急小分队"

会在2分钟内赶到门口,果断处置可能发生的各种突发事件。为保证报警信息准确接收,我们不仅在相关部位安装了警报器,还将应急小分队成员手机号码输入主机,实现同步报警,保证报警信号接收"双保险"。在校内装配了夜巡反馈系统,54个智能终端分布在校园各个部位,夜间值班人员走到该处用手持扫描器触碰终端,管理电脑上就会显示保安巡视位置和巡视时间,为监督、规范保安夜间值守行为起到了积极作用。

  我们是石家庄第一个实现"明厨亮灶"的学校食堂,以摄像视频显示这种直观的形式,使几十年神秘的后厨可视、可感、可知,关键是每一个操作步骤都有录像,可看、可查,彻底改变"厨房重地,外人莫入"的不透明状况。公开接受学生、家长和社会的监督。我们也是较早实现室内空气净化和全天候适时监测的学校,通过数据分析,让我们准确掌握室内二氧化碳、甲醛、Pm2.5等有害物质的浓度,制定科学的消杀、通风和预防措施。当前,我们正在与软件公司洽谈"校安手机监控"项目,如果开发完成,无论我们在地球上任何一个地方,只要它有网络服务,我们就能通过手机观察到学校任何一个角落,为管理人员装上"千里眼"。我们相信,随着现代信息技术在学校的广泛应用,后勤服务保障工作也将进入自动化、信息化、智能化时代!

第四章 创造服务新模式

信息化建设现场会

第五章　站在教育最前沿

教育是一个庞大的系统工程，家庭、社会、学校都担负着不同的教育角色，作为教育主体，学校更是肩负着"为国育才"的历史重任。"学校无小事，处处皆教育"，后勤服务同样是这一系统重要的组成部分，担负着"三服务两育人"的光荣使命。实现"后勤不后，后勤靠前"，以超前的服务管理水平，助力学生健康成长，推动教育事业全面发展，是我们不懈追求和探索的目标。

成功承办第五届两岸教育竞争力研讨会

第五章　站在教育最前沿

学校勤学园景观

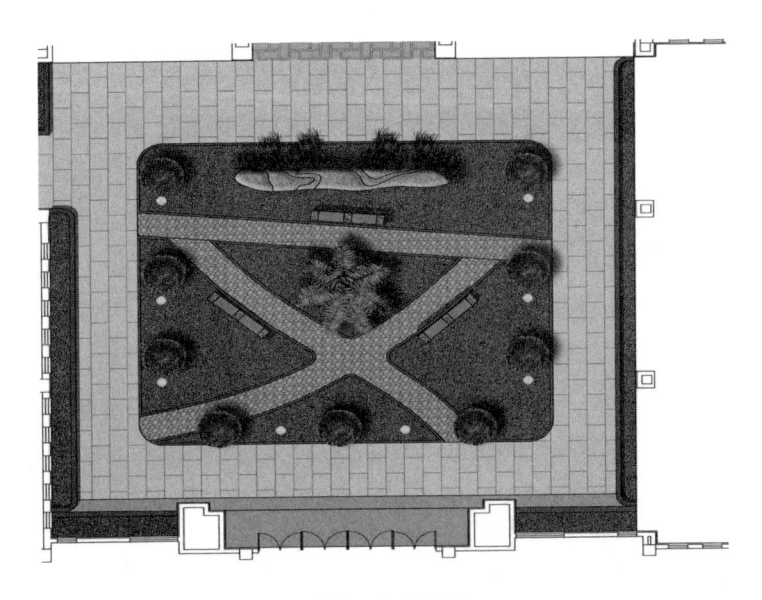

学校立志园景观

最"牛"的后勤：一位副校长的教育故事

整洁干净的教学区楼道

柳林书画苑

第五章　站在教育最前沿

美术教、展室

学校棋艺室

舞蹈演练室

乒乓球馆

体育训练中心

23. 蓄能充电，让服务人员打开眼界

转业的头两年，我一口气啃完5本大厚书，先后考取了驾驶证、教师资格证和会计证，战友们都戏称我是"姚三证"。我觉得干什么就应该像什么，想干好就必须"先入行""再修道"，更何况古人有"艺不压身"之说，多学点东西总是没错的。

后来我注意到，一个好的团队一定是一个不间断学习的组织，他们之所以能成功也正是比别人学习的更快、更多的能力。除了参加各级教育行政部门组织的学习培训外，学校每年都会列出专项资金，有计划的安排一线教师和管理人员到全国各地甚至国外学习交流，从先进地区、国家成功经验中得到启发。最早的学习培训都是教育教学的事，后勤除了预算和安全培训外再无其他项目。没有开阔的眼界就没有宽阔的思路，始终在自己的小圈圈中转，就使服务人员形成了只会干活不会思考，只能执行命令没有超前思维的"死板模式"。

几年前，学校做出管理人员周二听课的决定，后勤也不例外，每学期还要上交听课记录。起初，我们也是在执行规定，遇到像英语这样的学科，基本上听不懂多少，可这一节课又不可能一直坐着发愣，所以大部分时间全都放在观察设备器材上。比如教学多媒体好不好用，桌椅高度适不适合这个年龄段孩子身高，窗帘遮光效果好不好，饮用水供应有没有问题等。一节课下来，本子上记录的基本都是与保障有关的内容，从每周的听课中发现解决了很多问题。如果不进教室，看不到课间孩子们排队接水，就不可能增加饮水点；不进教室看不到六年级学生在高度不够的桌椅上吃力的书写，就不会有后来每学期一次的桌椅普调；不进教室我们就听不到师生对服务保障的意见和建议。听课只是一种形式，教学、德育、后勤的领导走进课堂，从各自工作的角度倾听、观察、了解、解决问题，把普普通通的听课变得内涵更丰富，效果更明显。

在我的建议下，之后的学习培训都会安排一名后勤领导参加，他们在近距离聆听专家学者对前沿教育解读，领悟大教育理念的同时，更多的观摩了不同地区学校建设的风格，管理模式和校园文化。每次外出学习之后，出去的同志都要把自己所见、所思、所想整理出来，配上图片，或在班子会、部门会或教师会上进行汇报，让其他人也能受到教育和触动，这已经成了一种制度。除管理层以外，一线员工，除了有针对性的安排外出学习以外，每学期都有固定的学习任务。保安人员每半年一次的政策法规和文明执勤培训；炊事人员每学期最少10小时以上的膳食营养、食品安全知识培训和厨艺比赛；维修人员每学期一天半的维修专业培训。正是通过这些层级不同，形式不同的培训学习，才使后勤人员逐步形成既有超前意识，又有创新精神和行动能力的服务者。密集的参观学习很快就在学校建设上派上了用场，新校区主楼以"日"字型结构巧妙地将教学区、功能区、办公区进行划分，各区既相互联系又互不干扰。"日"字中空白区域是以校训命名的两个天井"勤学园"和"立志园"，结合内部文化石和智慧钥匙等景观设置，形成丰富的视觉感受，不仅增添了校园的文化韵味，还有利于楼内采光通风和学生活动。楼道宽敞明亮，每层有开放式阅览区、休闲区、饮水区和男女卫生间。整个楼道外沿是飘窗和不锈钢护栏，为楼内四季光照和通风换气空气提供了保障。教室的设计融入了更多人性化的因素，充分体现了以人为本的核心理念。打破传统教室狭长的格局，形状近似正方形，保证学生和教师之间最佳的距离。

加之它比普通教室大 10 多平方米，内部以展示区、休闲区、教学区、生活区划分，为每一个孩子都搭建了展示自我的平台，在这里孩子们可以幸福快乐的学习生活。教室外墙是集"疏散、储物、展示"为一体的精美橱柜，它不仅是学生日常学习生活的储藏室，更是紧急情况下的逃生通道。楼内有五部上下楼梯和 6 个安全出口，一楼南北出入口各有一个 300 余平米的活动大厅，遇到恶劣天气或特殊情况，楼内的空间、光线、环境完全能够满足师生工作学习需求。整个校舍很好的汲取了南北方甚至国外学校建设之精华，处处体现大气、人文、现代。

2016 年初校长赴华东师范大学进修，结束之前他特意邀请后勤维修组长小张和其他部门几位老师到沪，并亲自陪他们参观了幼儿园、小学和大学不同风格的三所学校。小张很受震撼，回来后他感慨地说：南方的空气好，文化底子深，这咱们一时赶不上，但人家强烈的学习意识，超前的思维方式和精细的管理理念我们是一定要学也能学得会的。

一次，后勤主任随老师到浙江学习，不仅南方学校亭台楼阁、小桥流水、文静典雅的园林式校园深深吸引了他，学校后勤以"购买服务"的形式实现了社会化保障对他触动更大，结合学校从幼儿园到九年级的实际，在返程的火车上他开始反复思考后勤工作的发展与创新，由此诞生了"日宿制"服务和后勤集团化管理，为服务创新迈出了崭新一步。我们感觉到，学习是生存与发展的需要，绝对不是一种摆设，一个学习的体系学习的思维及所产生的文化环境将成为学校最重要的资产。一个部门学习的能力,以及把学问迅速转化为行动的能力,就是部门突破发展的最终优势。

请外籍教育专家授课

与校长书记赴山东考察学习

最"牛"的后勤：一位副校长的教育故事

日本西之里小学校长

上海学习交流

24. 推陈出新，把管理育人做活做实

　　服务管理既然是教育的一部分，就应该融入日常工作当中，这就要求服务人员时刻要做一个有心人和创造者，才能把看似简单枯燥的工作做活做实。9月份一天下班后，张校长照例来到体育馆和老师们打羽毛球，休息期间他跟后勤张师傅聊了起来："最近维修活多吗？""比上学期多一些，不过都是小东西，"张师傅认真地答道。"那什么坏的较多一些呢？""主要是储物柜合页和窗户挂钩。""那你们是否想过这是为什么吗？"张校长继续问道。"应该是一年级刚入学，还不会使用的缘故吧？"张师傅试探地答道。校长点点头说："有道理，那我们就应该更深层次的研究这个问题，只有找到了根源，才能从根本上解决它。""是。"张师傅半知半懂地点头应答着。后来，后勤将这一损坏现象作为课题，进行了深入的调查研究。首先，我们知道物品都有使用寿命，在有效使用期内，我们分门别类的为各种物品划定了"正常使用"期，比如电脑、相机打印机等办公电器为3年，学生课桌椅为2年，窗户挂钩为1年，学生橱柜门是1学期……也就是说，在正常使用期内1次或多次损坏都可能跟不合理操作有关。其次，橱柜和窗钩损坏都出现在一年级，是学生不会使用还是有意破坏呢？

我们向值周生和班主任了解情况,待在楼道里实地查看孩子怎么使用,最后得出的结论是:使用前的教育不到位,学生全部错误操作,导致柜门合页频繁损坏。一个小小的柜门,一开一关还要教吗?有人提出质疑,而事实是问题恰恰就出在这看似简单的事上。现在市面上的合页大都是延时闭合型,正常拉开,关门时推到一定位置就会受阻,这时你不必再推,它会自动关上。这种设置一是无摩擦无噪音,二是预防关门时夹手或衣物,是对学生的一种保护。然而刚入校的孩子们不知其然,还以为柜门不好使了呢,越关不上越使劲关,导致合页长期在强制状态下工作,不久就会变形、脱落。明令禁止和简单说教对刚上一年级的孩子来说效果是不大的,什么样的形式才更适合他们呢?我好几天都在思考这个问题。一天午间检查,一个班播放的动画片让我有了点感觉,能不能制作一个两三分钟的小动画片呢?在班会或午间播放,让孩子们喜欢的小动物来讲解如何开关储物柜门,一定好看、好玩还有效果。在科技部的帮助下,经过近一周的努力,短片《"扁扁"对我说》终于问世,由于采用了孩子们喜欢的动画人物形象和配音,孩子们喜欢极了,2分多钟的小短片收到了良好的教育效果。

受此启发,我们陆续将餐具取放、水笼头、门窗开关、如何便后冲水等都做成一个个小片子,形成一个养成教育系列,除了在开学第一课,班会,午间等时段进行播放外,还在校园大厅屏幕上滚动放映,通过这些鲜活灵动的小故事,教给孩子们正确做事,做正确的事。我们还根据季节或实际工作需要，将一两分钟的小视频通过校网、微信、QQ等形式向高年级学生或家长推送，传播正确的服务文化，引导家长开展科学的，有针对性的行为习惯教育。

在日常服务管理过程中，我们感觉到：能够解决最后一公里的问题还是不够的，要想把服务做实做细，把育人理念贯彻始终，就要再向前一公里，从问题的源头找原因。

放学后托管，是由石家庄市政府首倡推出的一项便民服务举措，旨在解决放学后学生没人管的问题，很受家长欢迎。放学后，有时我也会到托管室看看，了解学生和教师值班情况。大多数孩子们一来到教室，就打开书包、按照托管老师要求先写家庭作业，然后再进行一些有组织的活动。可是，上学期有一个刚上一年级小男孩，还没有适应小学的学习生活，非常讨厌写作业。所以每次一来到托管室就先到处跑、到处看、到处摸，别人在写作业，他却又喊又叫、问这问那，自己静不下来不说，还影响别人学习。

本学期值班的是美术教师曲老师，她提示了那个男生几次，也没什么大的改观，总是今天好了，明天就又忘了。为了能让他安静下来，曲老师动起了脑筋。此后的时间里，他一进教室，曲老师就会问他留了什么作业，然后让他坐在自己面前开始写作业，需要背诵的还帮他检查。写完作业，老师就给他找出一些陶泥，让他制作泥塑作品。因为，做泥塑既能让他安静又能锻炼他的动手能力。刚开始，他说不会捏，曲老师就给他示范如何揉、搓、捏。看着老师几下子就能捏出个小动物，他也特别想试试。他很聪明，练了几次，就能能捏成机器人、蛇、企鹅等小动物了。老师不失时机地表扬他，并把他做的这些作品标上名签，摆在美术展柜里，其他小朋友们也投来羡慕的目光，他兴奋极了。妈妈听说儿子的进步，接他时还专门到美术教室给他的作品拍了照；爸爸还专门给他买了超轻粘土放到教室里让他使用。这一切都鼓舞了他，以后每天来托管，他都能静下心来先写作业，之后玩泥塑。经过一段时间的托管，他学习认真进步很大，泥塑水平也提高了很多，还成了一名"泥塑小能手"。

不难想象，如果放学就回家，而没有参加托管，他好动、不爱完成作业的习惯，一定是需要时间来修正的。可见良好的教育契机并非信手拈来，需要教育者有一定捕捉教育切入点的能力。因为很多教育行为并不一定在课堂上，只有读懂学生的内心，创新教育方法，教育才能有效果。往往孩子们的一些"歪点子""坏毛病"通过点化、转移、引导、强化，很可能就是他们的亮点或特长，这就是教育的伟大！

后勤教育小视频截图

第五章 站在教育最前沿

班级安全教育课

形式多样的家长会

25. 润物无声，优秀文化引领师生成长

校园文化是师生在长期教育、教学、学习、生活中形成的管理观念、历史传统、行为规范、规章制度以及校风和学风的高度体现，具有导向、凝聚和规范作用。它不应该是墙上的名人字画和条幅标语，更不应该是东拼西凑的廊道彩绘，应该是深深刻在师生心里的行为规则，应该是这个群体一言一行的常规习惯。服务文化是校园文化的重要组成部分，是实现"三育人"的重要载体，传承和弘扬优秀服务文化，在不断积淀和创新中，使它发挥育人效能，是服务人员的责任和使命。

制度是节制人们行为的尺度，只有让制度从书本上走进心灵，并转变为师生日常的行为习惯，那才算得上是有用的制度，好的制度。华英建校的时候条件十分艰苦，仅有的一点点设备成了宝贝疙瘩，加上周边又常有盗窃事件发生，迫使我们不得不加大安保巡查力度。一旦发现教室、办公室、功能室不锁门窗，首先是电话通报当事人，请他返校处理；二是在黑板上写下"注意关窗锁门"的提示，一天不准擦拭；三是在巡视薄上予以记录，结合周例会讲评和安全奖励基金提高教师执行制度的自觉性。随着时间的推移，教师从过去的十几人增加到了现在的三百人，教

室也从过去的十几间增加到了现在的百余间,但是老师们下班前检查门窗的规矩始终没有变,不去教室、功能室看一看他们是不会离开学校的。

一次教育局一位科长下班后到学校检查安全工作,在转教室时发现四(2)班教室门是虚掩的,没有上锁,他指了指那扇门异样地看看我,像是在说:这不应该吧?我看了看时间,坚定地说:"人没走,走时她会锁上。"当我拨通班主任老师的电话,果然她不到两分钟就赶到现场并一再道歉:"我们在做一节示范课,准备离校时锁门,很对不起。"我马上说道:"你不必致歉,因为你没有错。"两天后那位科长给我打了一个电话问:"姚校长,我想了两天还是有两点疑问,一是你怎么肯定那位老师还在学校?二是她19点多还没锁门,你怎么说她没有错?""第一我没有看见那位老师,也不知道她在加班,但像吃饭喝水一样自然的事,我们的老师怎么可能忘记呢?就算出差或请假她也会安排人去做这件事。第二学校规定,在校加班的教师,不论几点离校,20点前必须关窗锁门,我们检查时只有19:30,所以她没有错误。"听完我的答复那位科长就说了两个字:"服了。"

我国自古就以勤俭作为修身齐家治国平天下的美德,一切贤哲都主张过一种简朴的生活,以便不为物役,保持精神的自由。在金柳林我们能感受到浓厚的现代气息和节约文化,比如无纸化办公,生活用水再利用,不丢弃一粒粮食等等。2012年10月,我和一位主任到北京学习,每餐冰冷的团餐造成了极大的浪费，看着一盘盘一桶桶的剩饭我们很是心痛，可我们能做的只能是坚持每天少要点、吃干净。有一天收盘子的阿姨终于忍不住说："我看这百十号人，就你们俩像个老师。"我们的学生，从一入学就接受节约教育，开饭前背诵"悯农"，班会上讲一粒粮十滴汗的故事，日常有严格的监督管理机制，早已形成了良好的节约习惯，他们把浪费看的比偷盗更可耻。这些年，我也曾带学生外出参加各种比赛，孩子们不受外界影响，用餐不语，勤拿少取，颗粒不剩的用餐习惯，成为餐厅最有特点的一个群体，他们用行动为学校更为自己赢得了赛场外的奖杯！

节约是品德，节约是文化，我们从最初的节约纸张、水电、饭菜，到现在节约能源，节约时间，把节约意识当成学校的文化来学习培养，把勤俭节约作为现代人的基本素养，作为师生的价值取向来定格，形成人人为建设节约型校园尽责、出力的良好风尚，从而带动引领社区崇尚节俭和文明。

"不求奢华但求洁净"是学校玻璃门上一条门签。到过金柳林的人都对校园的卫生赞叹不已，无论你什么时候到学校，地面墙壁、门窗桌椅处处洁净明亮，原桥东区教育局金文华局长称赞说："金柳林的卫生比五星级宾馆好，它给全区的学校做出了榜样。"漫步在整洁宁静的校园，你常会看到师生们随手捡起地上纸屑的景象，我们的卫生养成也正是从"不乱扔杂物，捡起一片废纸"这样的小事做起的。一次，一个校长考察团到校，在参观校园文化时，走在最前面的张校长突然停下了步子,在弯腰捡起一个小纸片后,他继续引领大家参观并做着讲解,整个动作轻松自然,毫不做作。他常说:"一屋不扫何以扫天下?学校是育人的地方,如果6年或9年我们培养的是一个连垃圾都不清理的人,那我们的教育就是失败的。"为培养学生良好的卫生习惯,学校在卫生间、餐厅甚至部分功能室都配备了洗手液和纸抽,在教室、楼道放置适量分类垃圾桶,号召师生"捡起一片废纸,共建美丽校园"。班子成员以身作则,首先承包一至四楼楼道卫生的清理;教师和学生在做好办公室、教室卫生的同时"各扫门前雪",负责各自门前公共区域卫生的保持。形成了全员参与,人人有责,齐抓共管的良好局面,加上少先队的各种督查、评比,一个良好的卫生养成局面由此形成。

美国著名的管理学家托马斯·彼得斯曾大声疾呼:一边歧视和贬低你的员工,一边又期待他们去关心产量和不断提高产品质量,无异于白日做梦!在代管工会工作过程中,我深深体会到每位教师都需要学校给予他们关爱,也只有从学校的温暖中提升自我的满意度。创造关爱的校园氛围,就是给予教师良好的工作环境、足够的工作支持、安心工作的措施。教职工利用学校的舞台,学校利用个体的资源,只有在互相关爱、共同奋斗的工作氛围里,双方的使用价值才会显示出来。相反,若学校里缺少沟通、诚信与关爱,那么,提高教师的工作热情、发挥他们的潜在能力就成了一句空话。

负责工会工作不久,我就提出了"进了柳林门就是柳林人,出了柳林门还是柳林人"的关爱理念。在日常工作生活中注意在员工情绪低落时给予关爱。如:教师生病时。这时人的心灵总是特别脆弱;当工作不顺心时。因工作失误或无法按照计划进行而情绪低落的时候——因为人在彷徨无助的时候,对来自别人的安慰或鼓舞的需要比平常更加强烈;当人事变动时,刚刚入职的教师,通常都会有交织着期待与不安的心情,这时,管理者应该帮助他早日消除这种不安;当家庭出现问题时。如经济方面的问题,家庭经济紧张,或收入突然减少,或一下子要支付一笔很大的开支而影响了家庭的正常生活等;子女方面的问题,入不了好的学校,失业或闯祸违法等;长辈方面的问题,对夫妻双方的父母,或照顾不周,或他们觉得厚此薄彼而产生了不满,或有亲人、朋友去世等;夫妻之间的问题以及突发事件等。

一年前,李老师为照顾体弱多病的父亲,调到了离家更近一点的学校工作。从调走的那天起,她就觉得自己再也不是"柳林人"了,也就很少跟老同事们联系。可不巧的是,就在她到新单位不久,爱人又出差的时候,父亲的哮喘病突然加重住了院。一个女同志既要带孩子又要照顾老人,还要上班,这突如其来的变故让她一下乱了阵脚。得知情况后,我先向她所在学校通报了情况,希望单位能给她力所能及的帮助,我又安排4位年轻男教师轮流到医院值夜班,帮她照顾老人,我还和几位领导到医院看望。

半个月后老人出院，李老师感动的直掉眼泪，我对她说："你忘了，出来柳林门还是柳林人呀？你有难处我们应该帮忙。"李老师爱人深情地说："金柳林是我见过的最有温度的学校。"这些年来，我们还格外重视每逢年节慰问退休的老教师，向他们汇报学校发展情况，听取他们的意见和建议，定期帮行动不便的老同志送去药费和补贴。校领导为满50周岁的教师切蛋糕，庆祝生日。学校从一点一滴的细微之处关怀教师，以真挚的情感对待、打动教师，赢得了教师的真情回报。我们深信：爱教师，学校才会被教师所爱！

初中部革命传统教育

初中部励志教育之 – 远足

教职工食安知识竞赛

26．标准管理，让基础性管理工作步入规矩的快车道

　　近几年，仅后勤口就有三位老师因各种原因离职，使本来就捉襟见肘的"小队伍"时常举步维艰。别看李老师是一位女同志，即管着学校财务又负责维修，干活不怕脏不怕累，和男同志一样起早贪黑，加班加点，从无怨言，好像天生就是做后勤工作的料，自然也是我的左膀右臂。可因为父母年老多病，行动不便需要照顾，她又是独生女，在熬了两年之后，最终还是为了照顾父母调到了一个离家相对较近的学校。她走之后学校给我安排了一个帮忙的，从能力到态度，包括吃苦精神都跟小李没法比。

　　第二位也是一位女同志——樊老师。她主要负责午间代管督查和库房管理。这是两个需要认真负责的岗位，既要依章依规做好午间管理，又要灵活机动搞好物品配送服务。几年里，她检查督导时的不讲情面让老师们生畏，但送货上门的热情又让老师们感动，好几年年终考核，大家对她的评价都是"是一个认真负责，心底无私的好人"。2014年初因身体突发状况，她也不得不辞掉工作，回家休养。

　　第三位是刚离职不久的水电工小张。他是一位诚实肯干的小伙子，个子不高，稍显发胖，从来都是留着板寸笑

呵呵的样子，他在学校工作六年从没请过一次事假。几万平方米的校舍，水电图都印在了他的脑子里，再复杂的问题也难不倒他。他不仅技术好，而且人缘也好，不管什么时候有事，他总是随叫随到，还总是乐呵呵地说：别着急，马上就好。他曾连续三年被评为校级优秀，得票率比一线教师还要高出一大截。就是这样一位优秀的员工，他的薪酬待遇也不是很高，以至于他在收入无力养家之时提出了辞呈。我很想挽留，但无法挽留，我相信这么好的技术，这么好的人品，走到哪儿他都能吃得开。

近一两年，为应对二孩政策给学校带来的人手短缺问题，大部分学校都有意识的储备师资，以备不时之需。但后勤工作特殊，有岗无编，自然争取不到这样的条件。而再看看每位离职的员工，（他）她们在岗位上少则三年五年，多则八年十年，都是岗位能手和专家，一旦离岗带来的困难可想而知。新入职的老师如何快速上道，快速成才，独当一面，使工作不受影响，成了我一段时期重点考虑的问题。培训和传帮带是必要的，规程管理方面有没有方法呢？此时，基础性管理工作标准化，为解决这一问题提供了路径。

信息资源库里是这样解释标准化管理的：它是指在经济、技术、科学及管理等社会实践中，对重复性事物和概念通过制定、发布和实施标准达到统一，以获得最佳秩序和最大社会效益。结合实际需求，我们的理解是：标准化管理就是把复杂的工作简单化，简单的工作标准化，标准的工作流程化，流程化的工作数据化。后勤是重复性工作最多的部门，如保安天天上岗，班车一天两趟，食堂一日三餐等，几乎都是在重复昨天。那么，规范的流程有哪些，完成的标准是什么，没有明确说法。为这些项目建立明确的流程和标准，不但可以提高学校管理的精度和力度，更实际的意义在于学校各项基础管理工作不会因人员的变动而造成管理水平的起伏。

2015年底，在学校提出内涵发展的大背景下，我们就在部门酝酿《后勤工作标准》，以安全保卫、食堂管理、班车运行、打饭代管、工程基建、物品采购、物品申领、财务人事、用餐管理、维修维护、绿化美化、部门宣传等13项为主要项目，分别按天、周、月、学期、年的顺序进行系统归纳、整理。先明确工作项目，再阐述工作流程，最后达成工作标准。各岗位结合实际起草文本，力求不拔高、不降低、不丢项、不偏颇，光文稿征集就用了整整半年时间。2016年6月《后勤工作标准》试行稿经过三次审定终于出台。我们认为这个《标准》不是什么创举，但它绝对是柳林后勤人多年工作经验的积淀和凝练；它不是什么经典，但它绝对是后勤工作的指南和标尺。它的制定和执行将大大减少工作的盲目和效率低下、标准不高等问题。对新手来说，这就是一份简洁明了的工作说明书，不用培训讲解，认真翻阅一遍就能开展工作。对老职工来说它是工作目录和标尺，只能提升、不能降低。

2017年，在后勤先行，并取得了一定实效的基础上，学校成立专门领导小组，在校内全面推进《基础管理标准化》工作。此项工作后勤是先头、是样板。在文本形成阶段，我们坚持"去繁就简、实事求是、科学合理、文字简练、边用边改"的原则，力求简单实用，可操作性强，决不搞纸上谈兵和一刀切；在实施过程中，及时发现和收集各种数据，以实事求是的原则分析和处理具体问题，标准该补充的补充，该修正的修正，保证它接地气、有实效；在各推进阶段，都要不间断的开展标准化学习培训和竞赛活动，各级部都将推进落实情况定期公示，让每个小组成员从思想上接受、意识上认可、行动上落实。

推行基础管理工作的标准化，更利于学校统一目标、整合资源、纵横协调、健康发展，将有效避免部门之间交叉布置工作，出现无序和随意乱象；以标准化引领学校基础管理工作，无疑是实现学校管理从人治到法治的必然之路，同时也是学校管理向科学化和制度化过渡的重要措施。

安全保卫工作标准样表

序号	时间	项目	流程	标准	负责人（部门）及关联人（部门）
			安全保卫工作标准		
1	每天	路勤	着制式服装，携带器材设备，早7~8点到路口指挥交通，16~17点到公交站执勤	指挥疏导、拦截过往车辆，确保师生安全通过马路，下午放学护送学生顺利登上公交车。有学生有保安，事故零发生	路勤组

续表

序号	时间	项目	流程	标准	负责人（部门）及关联人（部门）
		警卫	早7点上岗，每六小时换班，上放学时段负责指挥车辆护送学生安全出入校门。上课时间负责出入人员登记，来人来电接待、报刊发送、来访传达，以及重大活动的安全保卫	按时到岗，严格管控，认真记录和接待，保证校门及两侧50米内安全有序。不与来访者发生正面冲突，展示学校良好形象，与夜班做好交接，责任事故零发生	警卫组
		夜巡	晚19点至早7点上岗，不准睡觉，每两小时对校舍及校园巡查一遍，并在各处打点	发现各种危险迅速处置并报告，不锁门关窗等现象要当场通知本人并做记录，与白班认真做好交接，夜间事故零发生	夜巡组
		部门巡查	白天学生上课时间重点为公共区域，主要检查设施设备油污损坏；下班后重点为教室、办公室、功能室排查，除了检查用电设备是否处于关闭状态，门窗是否关好、锁好，设施设备有无损坏均为检查范围	进行深度检查，在日巡查的基础上，最少每两天查看一个楼层，每周全校清查不低于30%	维修组

109

续表

序号	时间	项目	流程	标准	负责人（部门）及关联人（部门）
		中层周值班	值班周保证7:30到路口上岗，督导保安早间执勤，巡视进校道路、路口及校内主要位置及设备安全情况。下午放学时段到站台处观察学生及保安值班情况	认真填写当天值班登记表，想到、看到、做到，为全天安全工作负责，出现重大事件迅速报告校领导，待师生全部离校后再下班。写好一周安全情况小结	中层
		打饭、代管检查	每天11:50—11:58检查打饭到位情况；饭后12:40检查代管人员是否及时到位，是否按要求分餐打饭、管理学生。为实现双向考评，巡视者需由当天代管教师签字确认	按时到位，认真检查记录，不漏查，不走过场。及时联系缺岗教师，处理发现的问题，保证用餐代管秩序良好，每月汇总，年度计入绩效考核	服务部
		警卫室卫生整理	每天学生全部到校后，对室内卫生进行清理，对设备器材大门、护栏等进行擦拭	桌面地面无尘土，铁器放光，木见本色，门口周边10米无垃圾杂物	门卫

第五章 当任教育最前沿

红领巾志愿者上岗执勤

安保人员早间值班

27. 登高望远，做幸福教育的推动者

"为每一个孩子幸福人生奠基"是学校的办学宗旨。幸福教育，就是把幸福作为教育内容，帮助师生树立正确的幸福观，培养师生理解幸福、体验幸福、创造幸福、享受幸福的能力。幸福教育，就是把幸福作为教育过程的性质，师生在教育过程是幸福的。教育的过程本身是体验幸福的过程，并使人在体验幸福的过程中领悟幸福真谛。幸福教育，就是要让学生拥有幸福童年。

健康的身体是幸福的根本。近年来，随着学生"高分数低体能"事件的不断出现，中小学生身体素质问题引起高度重视。为把学生身体素质提高到一个相应的水平，学校在三年前就实行了体艺"部级制"，分别成立了体育、艺术和科技部，各部直接受校长领导，提高了"小学科"的架构，避免了体艺学科课时被挤占或授课受主科影响等问题。在培养专业教师，开发小校课程上下功夫，首次提出体育学科与数语外同等占比的考核办法。通过落实课时，组建体育社团，参加各类比赛，来丰富课外体育活动，提高师生身体素质。与此同时，我们不忘心理健康训练，培养学生成功时不自满，失败时不气馁，在任何挫折面前不低头，永远保持乐观幸福的心态。

优良的成绩是幸福的支柱。上学读书，学生和家长看重的当然还有学习成绩，我们认为，这与幸福教育并不矛盾，一个全面健康发展的人是不可能交白卷或考 20 分的。为提升教学质量，学校通过构建生命课堂和智慧教室，变考试为展示，变作业为作品。教师在日常教学中鼓励学生将作业变为作品，学生们可以编辑出一本本"作文集锦"、"数学好玩"题集、"科普大全"故事等，还可以有一幅幅诗配画、一件件工艺作品……由此大大调动学生主动学习的积极性，改变学生对待作业的心态，不仅充分体验到由作业带来的幸福，还使各科成绩有了大幅度提升。

良好的习惯是幸福的基柱。40 年前，苏联宇航员加加林乘坐"东方"号宇宙飞船进入太空遨游了 108 分钟，成为世界上第一个进入太空的宇航员。这个荣誉不是每个人都能得到的，他在 20 多名宇航员中脱颖而出，是一个良好的习惯成全了他。在确定人选时，20 个候选人实力相当，跃跃欲试。在演习之前，主设计师发现，在他们之中，只有加加林一个人是脱了鞋进入机舱的，他有如此良好的习惯，怕的是弄脏机舱。主设计师付出心血和汗水的飞船有人那么倍加爱护，他当时是多么感动啊，于是，他当即决定让加加林执行试飞。加加林也因为一个小小的习惯成就了自己。在行为习惯养成上，学校制定了"学生一日常规""12 个好习惯培养"等训练目标，通过少先队自动化管理，让学生逐步养成积极思维、高效做事、诚实守信、锻炼身体、广泛爱好和快速行动的良好习惯。

高雅的兴趣是幸福的源泉。兴趣爱好不是天生就有的，它是环境影响和后天培养的结果。青少年时期，是培养良好兴趣爱好的重要时期。为培养兴趣广泛，情趣高雅的孩子，学校先后开设了80多个兴趣小组，由学生自由申报，每周五走班上课。这些社团课的开设，不仅丰富了学生的文化生活，培养了他们高雅的个人志趣，还锻炼了一支一专多能的教师队伍，从而提升了学校品味。近年来师生在国家和省市比赛中多次获奖，为学校争得了荣誉。为引导学生在学习与兴趣课之间有一个科学的安排，我们首先是要让学生搞好课内学习，培养自己对课内各学科的学习兴趣。课内知识是课外兴趣的基础，课内学习不认真，基础不牢，课外兴趣也难以为继。第二，课外兴趣要少而精，逐渐增加；有的同学似乎兴趣很广，课外又是学绘画，又是学弹琴，还去学武术，要知道，一个人的精力是有限的，课外兴趣太多，负担太重，既学不会，对身体也不利。第三，课外兴趣要尽可能结合课内的学习。比如，你爱好生物，就可以结合书本上学到的知识，利用假日到郊外去收集一些动植物标本，这样既不会加重负担又可以互相促进。

　　总之，对人生而言，幸福是不可以存储和转移支付的，教育不能以牺牲今天的幸福为代价换取明天的幸福。学生享受幸福是现时的，当下的，此时此地的。幸福既是教育的目的，也贯穿于整个教育过程。幸福教育的对象是人，幸福教育就是要把教育目的回归到人，定位在人的情感上，体现出教育对人的关照，其目的是培养人的幸福情感和幸福能力。幸福教育，就是幸福地教育学生如何得到幸福生活。作为幸福教育的服务者和保障者，我们在为师生竭尽全力地创造最好的工作学习生活条件的同时，也在践行着服务育人的神圣使命，当然，这条路还很长……

中学生赴英国游学

第六章　学习感悟与体会

学习是人类生存和发展的重要手段，终身学习是当代教师自身发展和适应职业的必由之路。在当今大数据背景下，获取知识的渠道非常宽广，教育人不仅要有活到老学到老的学习态度，更要有勤学、好学、爱学的学习精神，把学习作为生命的一部分。这些年和老师们一道聆听了很多教育专家的讲座，参观了国内不少学校，也研读了很多教育专著，写过几篇文章，做过几场报告，但总觉得自己还不是一个出色的教育工作者。说实话，一次学习时间或长或短，行程或远或近，它都不可能解决所有问题，哪怕有一小点收获和思考都是有益的。我正是抱着这样的心态，在书山学海中不停地探索着。

28. 两所学校留下的思考

在10年前的石家庄，只要你问起哪所小学好，人们就会不约而同地告诉你"华英"。那这到底是一所什么样的学校,能在短短几年里迅速成为家长心中的"名校"的呢?

桥东区位于省会中心区域,南北狭长,东西方向很窄,发展空间受到一定局限。区内下辖9个街道、1个镇,因为石家庄的发祥地休门村、姚栗村、任栗村等村全部位于桥东区,所以它既是名副其实的省会"名片",更是实实在在的老城区。进入21世纪,新一届教育局领导,为改变桥东没有优质中学的落后面貌,经过考察调研,成立了华英双语学校。学校定位于只招收五六两个年级学生,重点提升外语和数学能力,毕业后输送给到区内中学,力争用三到五年的时间打造两所优质中学,摘掉中学一直落后的帽子,提升区域教育水平。为缓解政府在投入上的不足,采用了政府调拨教师,只负担几万元的开班费,其他办学所需一律由学校通过收费来解决。其实,这根本就不算什么创新,早在10年前江浙沪就已经开始尝试这种办学模式,并且取得了很好的效果。实践证明,这种模式是有效而且可行的。一方面它弥补了因政府投入不足,对教育发展的制约;另一方面,满足了部分家长对优质教育的需求;更重要的是它迅速提升了区域教育水平,仅用三年时间,华英的学生就在国家、省、市各类外语、数学竞赛中摘金夺银,区里接受华英学生的两所中学也连续出现中考状元,办学质量整体提升,逐步跨入了市区先进行列。此后,桥东的教育逐渐受到各方关注,华英"一位难求"和毕业生走俏全市的现象屡屡上演。其实，虽然当时容许这种办学模式存在，但是要真正办好它也不是件容易的事。首先是招生受限，教育局虽给政策，但哪个学校愿意把好学生放走呢？甚至有的学校不惜抹黑、丑化"华英"，以达到保住学生的目的；其次是办学质量倍受推崇，但办学模式或褒或贬，评价不一，基本是小心翼翼地在夹缝中生存；三是场地、资金受限，没有更大发展空间。政府只给了一两万元开班费和部分旧设备，整个校园只有5亩地，3000平方米的校舍建筑，想有所突破很困难。就是在这种情况下，张英强校长带着10几位教师，克服重重困难，个人从家里凑钱，托朋友赊设备，寻求兄弟单位帮助，在十分艰苦的条件下苦战五年，把一所只有十几位教师、90名学生的学校，办成了省会名校，这不能不说是一个教育奇迹！至今，华英人艰苦创业、努力拼搏、敢为人先的办学精神仍激励着她的师生们向着更高更远的目标冲刺！

　　然而，人们没有想到的是，2010年夏，学校接到了主管部门停止招生的通知，原因只有一个，学校体制模糊。其实，政府完全有能力让她体制清晰起来并生存下去，但大家没有看到这个结果，以至于5年之后的今天仍有家长打听这所学校还办不办？在哪里？因为他们想送孩子到那里去读书。可见打造一所百姓认可的优质学校是不容易的，而要扼杀她确是非常容易的事。几年来，我们也一直在思考，既然政府对教育的投入有限，为什么不采用更灵活的方式办教育呢？我们常常感叹南方教育的前卫和发达，可很多南方的橘子，为什么一到北方就变成枳了呢？是水土不服还是管理者意识有问题？不管什么模式只要按照党的教育方针办学，不都是在为国家培养人才吗？培养出来的不都是社会主义的建设者和共产主义接班人吗？记得就"华英"停招事件，2010年7月省会主流报媒体《燕赵都市报》以整版篇幅报道此事。个中说法不一，多为猜测之词，如今时过境迁，已过去多年。至于文章观点正确与否，我们当然不必再去评论，而就一所小学的兴衰为何能在省城引起如此大的震动，已经很值得人们思考了。

  柳林铺村地处石家庄市区最北部，紧邻正定县，原来属郊区管辖，2001年划归市区。由于人口偏少，地处偏远，教育相对落后，所以大部分家长都把孩子送到市区读书，村里的小学只有几十个孩子。为改变北部教育现状，实现区域教育均衡发展。从2009年起，桥东区教育局就谋划在市区北部建一所高品质的学校，满足附近居民对优质教育的需求。校舍的建设同样因为政府资金不足，只能由村集体出资建设。2011年冬，因受区域拆迁大环境影响，在校舍还不够完善的情况下便匆忙投入使用。而教师就是华英撤并后的几乎全部分流人员，这些教师经历了华英10年的历炼，他们已经不再畏惧任何困难，不怕任何艰险，怀揣着一个同样的教育梦想，从市区迁到了无人知晓的小村落，开始了他们又一次教育拓荒！

  "为每一个孩子幸福人生奠基"，"让师生在教育的过程中体验享受幸福,并领悟幸福真谛,掌握幸福本领","培养中西合璧的大器人物,培养品学兼优的幸福孩子"……在不到五年的时间里,这所集幼小中为一体的12年一贯制学校已经名震省城,享誉华北。柳林的成功,是一个奇迹,更是一个必然。说她奇迹是因为,在这样一个偏僻的郊区村落,学校既没有挂名校的牌子,也没有请名校长加盟,地地道道的靠自己的实力打下江山,实属奇迹。也可能正是因为她是纯正的本地货更接地气,所以才更受石家庄人的信赖。说她必然是因为,有这样一群热爱学习、胸怀梦想、爱生如子、敢于拼搏的坚守者,成功自当必然。可以说,柳林是华英的延续,没有华英近10年的磨砺,就没有柳林的再度辉煌。从华英建校至今将近13年,13年说长不长,说短不短,在13年里两度建校,坚守信仰,两创辉煌,教师们用心血书写和见证着学校的历史。他们从当年三四十岁的青壮年,如今已近不惑或两鬓斑白,但他们初心未变,大爱未变,拼搏未变!

我们回顾历史不忘过去不是要标榜什么,更不是要沉浸在过去,而是为了时刻警醒自己,信任和荣誉来之不易,我们应该不断积累经验,吸取教训,少走弯路,脚踏实地做好教育教学工作,把素质教育贯穿始终,使学校既有国际视野又符合百姓需求。

校内 32 个开放式阅读区之一

29. 沪浙学习印象

11月2~8日，由张校长带队，我们一行5人赴上海、浙江进行了为期一周的考察学习，亲身体验南方前沿城市基础教育的超前和精湛。说是一周，其实除去路途占用时间，用于考察没有几天。因为我们又是开车前往，一路上男同志轮流驾驶，一天1000多公里，返回时为了赶时间还整整开了一夜，无论开车还是坐车，大家都非常辛苦的。

印象一，校园建设的精致、儒雅和实用让人赞叹。

我们第一站到得是上海浦东区竹园小学，这是一所有着157年历史的老校，期间几经异名，直至1991年才改校名为竹园小学。据田校长介绍，14年前，他接手的是一所非常薄弱的学校，通过十几年不懈的努力，如今已经成为一所以作文教学为特色的国内知名学校。学校每年举办一次作文节。

　　竹园小学现有3个校区，分别是张杨校区、沪东校区和龙阳校区。同时，还托管着一所名字叫新金童的民办小学，一校四区。我们先后走访了张杨、沪东和龙阳三个校区。除了听取校长的情况介绍，还走进教室，走近教师，走近学生，从不同角度去了解、学习。虽然各校区占地面积和建设风格有所不同，但有一点我印象非常深刻，那就是每一个校园都打造的精致、儒雅而且实用。校园里各种绿植密布，脚下小草萋萋，尤其是庭院里都是有山有水，有厅有廊，除了花草树木还点缀着很多造型各异的盆景，一幅南方园林的雅静之气。南方人喜欢水，他们认为：有水就有了生命，有水就有了灵气。所以，所到校园必有喷泉、水塘和小溪。漫步其中你能听到潺潺流水的声音。张校长说，在这么好的环境里，你不想思考都不行，这可能就是南方多出文人、大家的缘故吧。在几株热带植物环抱下有一块不算高大的石头，上面刻着"虚心有节、挺拔向上"八个字，这是他们的校风石。现在想想，那块石头不奇也不大，但矗立在小桥流水和绿植之中显得格外醒目，真是独具匠心啊！建筑大多是黄墙红瓦，活泼醒目，正面都有连廊，梅雨季节它可挡雨，晴天又能遮阳，非常实用。因为南方湿度高、环境好，地面墙壁干净得很，木椅一周不擦可能都没有灰尘。楼内装饰简朴大气，更注重实用。体育馆高空关窗设备，能通过操作把手开关 10 米高的窗户，我们的体育馆无论是设计人员还是我们使用方都没有想到这种方法。男卫生间冲水池墙壁用的是玻璃材料，巧妙地将竹子装在其中，即能实现冲洗目的，又形成了一个小小的景观，非常有创意。

印象二，教师的真情投入和名师辈出让人敬佩。

南方学校给我们的另一个印象就是教师非常敬业，管理层更是爱校如家。竹园小学田校长是有名的作文教学专家，在他的带领下，学校涌现出一批能教会写、颇具实力的专业型教师，参与出版发行了多本教育教学专著，他本人也是经常到全国各地讲学，少则十天八天，多则三五个月，但每次回上海，不管天多晚、自己多劳累，他都是先到学校转转看看，才能安心回家。用他的话说学校比老婆重要，从他讲述的很多事例中我们能感受到他对学校、对教师、对学生那种深深的爱。也正是这种爱，不仅成就了学校，成就了教师，也成就了自己。他们的干部编配都不多，副职和主任就更少了，一个校区只有一名副职，2 到 3 名主任。剩下的就是项目主任，我感觉就像我们的干事，他们正是让这些兵头将尾发挥着承上启下推动工作的重要作用。每位执行校长（向我们这里的常务副校长）基本都担任着一个班的主课，中层都是在不减轻教学任务的前提下做管理工作的，这在北方地区几乎就是不可思议。像宁波的慧贞书院，一千三四百人的学校只有一位副校长，她不仅教一个班语文还兼班主任,管理工作照样做得非常好,这着实让我佩服。老师们更是早来晚走,敬业勤奋,每到一所学校都能看到精神面貌良好,举止大方,专注认真的教师们。问到学校或工作,他们总是充满激情、侃侃而谈,让人觉得他们向上、自信、友爱。学校领导对教师们也是赞誉有加。在金华金师附小艾青小学的橱窗上,我们看到,学校有很多出类拔萃的知名校友,如著名诗人艾青,著名儿童文学家鲁兵,人民出版社社长马樟根,儿童文学理论家蒋风,诗人圣野、书法家王景芬、画家高清等。更让人震惊的是一所学校先后竟然有20多位国家和省特级教师,现在在职的还有六七位之多,我没做过研究,这个数量可能比整个桥东还要多,校长徐锦生就是全国特级教师,这样学术气息浓厚的校园怎能不出大家、才子呢?他们已经走上了"名校靠名师,名校出名师"的良性运行轨道。

印象三,管理模式前卫、新颖让人折服。

现在的学习,我们追踪的不再是建筑的宏大,装修的豪华和设备的优劣,换句话说,就是不再关注那些只要花钱就能马上见效的东西。更多的是探寻这些名校几十年甚至上百年形成的,科学有效的管理方式。希望能从中得到启示,破解我们在管理中遇到的一些难题。竹园小学各校区均有一名执行校长负责日常管理,副职最多1~2名,主任2~3名,项目主任根据需要设置。项目主任是从教师中竞聘上岗的,每届任期两年,给更多年轻教师以锻炼成长、施展才华的机会。项目主任课时量与其他教师一样,完成授课任务的同时完成管理工作。当然，项目主任任期内有经济补助和政治待遇。这是"竹园模式"我们不宜照抄照搬。另外一点就是学校对教师收入的支配权要远大于我们。他们的工资收入是三四三结构，档案工资只占30%，课时工资占40%，绩效考核占30%，除档案工资不可动以外，其余两项所占的70%都由校长或者说学校确定分配方案。这在很大程度上给了学校支配权，再加上科学细密的考核制度支撑，他将极大的激发老师的创业激情和工作热情。老师们全身心的投入教育工作，不会完全是为了钱，还有更深层次精神方面的东西。但一个人生存的基本保障是要有的，付出劳动得到应有的报酬也是应该的。衣不遮体、食不果腹绝不可能上好课，收入分配的不合理也会极大挫伤教师的工作积极性。我们学校几年前就有这样的设想，但与他们相比，我们预设的绩效比例幅度相差甚远，这方面我们完全可以借鉴他们的经验，逐步展开工资分配制度的改革。至于后勤服务方面本次学习收获不多，因为不论是上海还是浙江金华，他们的后勤服务已经全部实现了社会化。也就是说所有服务项目均由公司来完成，学校只做提示和监督，不再从事具体事务。这也给了我们一点启示：社会化保障不再是大学的专利，虽然石家庄目前还没有这样的公司，还不具备这种条件，但它肯定是今后学校后勤服务发展的一个方向。

开放式音乐大厅

30. 利用现代信息平台 提高后勤服务效率

随着教育事业的快速发展，对学校后勤保障提出了更高的要求，但是中小学后勤面临着没有编制，人手不足，业务能力偏低，工作繁重的窘迫局面。如何打破传统的后勤管理方式，提高后勤管理服务水平与工作效率，是摆在中小学后勤服务人员面前的严峻课题，后勤改革势在必行。随着信息化社会的全面到来，社会各个领域正在经历着信息化的改造，这为学校后勤管理信息化改革带来了前所未有的契机，借助信息化手段破解后勤工作难题，遵循"复杂的事情简单化,简单的事情流程化,流程化事情定量化,定量的事情信息化"的原则,引入"互联网+"理念,对后勤工作流程重新设计优化,实现后勤服务管理的网络化、智能化、精细化。

一、设施维修网络化,化解供需矛盾

物品管理维修是学校后勤工作的重点,也是难点,维修滞后,不仅影响教学办公,往往还会引发事故。回顾我们的维修服务管理,从最早的"等活干"逐步转变为"找活干",这虽是后勤服务工作的一大突破,但终因人少活多,跟不上学校的发展而问题不断。老师们要修个东西,不是打电话,就是上门找人,而后勤有限的人手,除了备课、上课就是巡视维修,很难得在办公室里,一来二去,老师们觉得人难找,事难办,迟迟修不好,意见很大。而后勤的同志又觉得一天到晚忙不停,一会儿都没闲着,很是冤枉。

为改变这种现状,使维修服务与学校发展相适应,我们开发了网上报修系统。教职工发现物品损坏可迅速通过电脑或手机进行网络报告,维修人员在电脑和手机上随时都能看到报告信息,并根据物品损坏等级合理安排修缮时间。已解决的问题,维修人员会在报修栏内回复"已修复",如在规定时限内未能修复(有安全危险的1小时内处理,教学办公设备当天处理,一般物品两天内完成,涉及专业技术方面的大型设备,一周内解决)主管领导就会收到系统的短信提示，督促维修人员做出进一步处理。

网络报修的启用，一是极大地方便了师生，缩短了过程性时间。在有网络的地方老师们随时随地动动手指就可以实现网上报告，省去了过去跑腿、打电话、找人的繁杂程序；二是更有利于维修人员统筹安排，提高了修缮效率。学校沿用了几十年的由一两个人担任的巡查工作，交由全体师生共同完成，根据报告轻重缓急合理安排维修，避免了忙乱和撞车现象发生；三是增强了维修工作的透明度，起到了相互制约作用。因为物品损坏维修情况都挂在网上，哪个班级、科室报修了多少东西，是否及时修缮，打开网页，一目了然，对使用者和维修者都是一个监督和促进。

二、物品申领电商化，化繁为简数据化

平时教师领用教学办公用品，需要跑到总务处去找人、填表、签字，再到库房领取，但是后勤部门"人少事多"，往往领一样东西要跑好几趟，费时费力不说还耽误事，大家都不满意。这个问题怎么解决？我们从目前非常流行的电子购物获得启发，把学校物品申领"电商化"，开发了学校物品"申领系统"，大大提高工作了工作效率。

现在老师们想领东西只要在网上申报，通过后勤主任审核后两个小时物品就会送到手里。它的成功启用，彻底打破了延续几十年的后勤服务模式，将老师们、学生们从为一支笔、几张纸楼上楼下跑好几趟的烦恼中解脱出来，把"老师跑"变成"后勤办"，这种模式不仅贴心，更重

要的是提高了服务效率，使师生们有更多的精力专注于教育教学。同时，系统也把日常繁琐复杂的数据统计工作直接显示在页面上，像常用的办公用品和易耗品，库存有多少，是否需要采购补充，谁领用了多少，一清二楚，方便了库管，杜绝了积压浪费。

三、安保服务智能化，全天候无死角

"安全不保何谈教育！"安全工作是学校工作的重中之重，后勤是这项工作的具体实施者。实现安保全天候、无死角、智能化，是确保师生和校园安全的有效途径。我们把安保人员按岗位和职能划分为"路勤"、"门卫"和"夜巡"三个小组，由带班领导和教师志愿者督导协助，把安保工作从校内延伸到国道和公交站，从8小时延伸到24小时，把安全工作做到师生需要的每一个角落。在做好人防的基础上，积极引进科技设备，让科技在安保服务中发挥作用。根据学校地处偏远、远离市区，无法与110联网的实际情况，购置安装了校内警报装置。当门卫遇到紧急情况时，只要按下报警按钮，校内由8名青年男教师组成的"应急小分队"会在2分钟内赶到门口，果断处置可能发生的各种突发事件。为保证报警信息准确接收，我们不仅在相关部位安装了警报器，还将应急小分队成员手机号码输入主机，实现同步报警，保证报警信号接收"双保险"。在校内装配了夜巡反馈系统，54个智能终端分布在校园各个部位，夜间值班人员走到该处用手持扫描器触碰终端，管理电脑上就会显示保安巡视位置和巡视时间，为监督、规范保安值守行为起到了积极作用。

总之，后勤服务是学校各项工作的重要组成部分，服务水平的优劣，直接关系着师生的工作学习质量，直接关系着教育教学的健康发展。全面实行后勤管理工作的信息化，能够有效地提高后勤保障的效率，为师生创造更便捷、优质的服务。在实施后勤管理信息化的过程中，要不断地加强信息化基础设施建设，同时也注意培养后勤管理人员的个人信息素养，利用信息化手段将整个后勤部门联成一个整体，全面提高后勤管理的工作效率。（本文发表于《中国教育教学研究》2015.12）

31. 我眼中的日本

教育没有国界，教育无处不在。面对教育的全球化和国际化，如何登高望远，即打开思想的大门正确认识国外教育，又不断挖掘和丰富民族优秀文化内涵，即学习他人之长避己之短，做大器的教育者，又不断传播优秀中华文化，让中国的教育走向世界，是每一个教育者神圣的历史使命。

2015年11月1日，由中国教科院体卫艺教育研究中心尚大鹏博士带队，河北省6所学校校长教师共11人组成的体育教育考察团赴日本，进行为期一周的体育项目观摩考察。此次，也是作为软垒实验校代表，受北海道知事邀请，参加在札幌举行的第 21 届软式垒球赛开幕式。日籍华人，早稻田大学陈兆丽教授和札幌教育局负责人到机场迎接，陈教授为此次考察做了大量准备协调工作，她和日方接待冈本，软垒协会翻译小林全程陪同参观考察。

1. 比赛开幕式，隆重简单

11 月 3 日 8 时 30 分，开幕式在札幌巨型体育馆"银蛋"隆重举行。除了日本小学代表队外，残疾人代表队也参加比赛，而他们的比赛规则与正常人完全一致。韩国也派出了球队参加此次赛事。会场上没有主席台，没有红地毯，也没有大条幅，除了几张 21 届软垒赛事会标外再无其他装饰。出席会议的领导和宾客就坐在体育馆草坪上零时摆放的两排座椅上，各个代表队举着自行设计制作的引导牌走进体育馆后席地而坐。主持人逐个介绍出席嘉宾，因为翻译小林正在忙着拍照，考察团的同志基本没听懂什么。北海道知事在讲话中说：很遗憾，今年中国没有派队参赛，希望在下一届能看到中国队的身影。运动员宣誓是一个比较长的过程，两位不同年龄智障队员的宣誓说说停停，足足用了 10 分钟，札幌市副市长一直笔挺地站在那里接受宣誓，而一位工作人员则一直跪在地上为运动员举着麦克。当他们宣誓结束，场内响起了热烈的掌声。开幕式上还有一个环节就是为韩国参赛队颁发"参与奖"，大约 40 名韩国学生，基本有 20 多位戴眼镜，而上场为他们颁奖的 40 名日本学生只有一名戴眼镜。这一现象让大家很好奇，在后来几天的参观中，同样发现日本人戴眼镜的确实很少，是日本人善于养护近视率低呢还是有什么别的原因？回国后有人查了相关资料，发现日本近视率比中国、韩国都高，居世界之首，而我们看到的现象只能说明，日本人喜欢戴隐形眼镜罢了。在几个简短的舞蹈表演后，比赛开始，场内立刻热闹起来，小孩子们高超的球技确实令人赞叹，就连智障队员打的也是十分专业，可见软垒这个项目，在日本是非常普及的。这不仅是因为软垒协会会长是前首相海部俊树，更主要的是他们在全面推进这项运动，看看场内的裁判"清一色"都是由在校中学生担任，就已经说明了问题。

2. 札幌体育馆，科技之馆

札幌位于日本北海道道央地区，是北海道政府（道厅）所在地，因此也成为北海道的行政中枢。由于日本是个岛国，主要城市大都临海，札幌则成为少见的内陆最大城市之一。

在观看比赛间隙，陈教授安排考察团成员参观了札幌"银蛋"体育馆。体育馆于2001年3月落成启用，可容纳5万名观众。它的最大特点：一是室内外场地相连的大型运动场（双重赛场）；二是在两个连接的场地这间，足球场可利用气压进行移动，旋转（移动赛场）；三是根据举行棒球、足球、展览会、音乐会等活动的要求，可以变换布置8777个座席（移动看台）；四是设有从高处俯瞰整体景象的带扶梯的室内瞭望台（悬眺瞭望台）。

工作人员介绍说：札幌每年降雪量很大，所以体育馆外形设计成球形，屋顶可伸缩闭合，8300吨的绿茵场可以根据赛事需要滑进和滑出体育馆。赶上天气好的时候，就让绿茵场滑出体育场，尽情享受新鲜空气和阳光，这一过程，大约需要7个小时。此外，这种可移动场地也能让体育馆在棒球场和足球场之间切换。据介绍，札幌体育馆是世界上为数不多的巨型、可移动交换场地的体育馆之一，也承担了很多国际上的大型赛事，这让随行人员赞叹不已。活动结束时，我们向札幌市负责人辞行，他们再一次邀请我们明年这个时候再到札幌，而且一定要带着参赛队来。

3. 总领事接见，畅谈教育

我们的到访也惊动了中国驻日领事馆，因为日本是一个高度重视教育的国家，所以教师的地位很高，校长要比官员更受尊重。得知有10余名校长组成的代表团来访，使馆非常重视，软垒开幕式结束后，驻札幌总领事孙振勇先生接见了代表团成员，并在体育馆小会议室进行了座谈。孙领事指着我们的胸牌说：中华人民共和国，多亲切呀，见到家人了！他简单的开场白让我们倍感亲切。他接着说："你们这么多校长来访，自我上任以来还是头一次，所以我必须要和大家见个面，聊一聊。教育关系着国家的未来，政府能派你们走出来看一看，这是好事，我相信你们一定能看到想看的，学到想学的。现在中日关系遇到了一些问题，你们的来访也必将为改善两国关系起到积极作用。"孙领事让秘书给我们发了名片，说："在日本期间有什么问题或者在教育交流方面有什么想法随时给我打电话，我一定会帮助大家。"

很快,时间到了中午,孙领事说他还要马上去参加俄罗斯坠机事故的悼念活动,就不能和大家一起用午餐了。他希望校长们回国后教好我们的孩子,办好中国的教育。我想这不只是每一个教育者的使命,更是每一个中国人的期望。

4. 西之里小学,沟通了解

我们所参观的几所学校,都没有围墙或大门,如果没人引领,你可能不会知道这是教学场所。西之里小学也是如此,从马路走上教学楼台阶不过10多米,四周既没有护栏也没有围墙,甚至连门卫都没有看到,在当地教育局官员引领下我们走进了这所学校。

一进门最显眼的就是鞋柜了,从东到西总共有五六组,每组有六七米长,一米五六高的样子,一个年级一排大箱子,再分成几个班,小箱子上都标有自己的名字,学生来到前厅先要换鞋,穿上拖鞋才能进入教室,上室外课时同样要换鞋子。也就是说室内必须穿拖鞋,室外才可以穿自己的鞋,而且很多专用教室是不准穿鞋的。当然,你不用担心脚冷,在日本,室内、车内的温度都是很高的,冬天在屋里穿半袖也不是什么怪事。我们也不例外,在进楼道前统统换上了拖鞋,而鞋上也没有任何标记,这一天活动下来,我们不知都穿了谁穿过的鞋子,至于这些公用鞋是如何清洗消毒的,谁都没有好意思问。楼道两侧的墙壁上布满了学生的作品,有绘画、有剪纸、有刺绣林林总总错落有序。班容量都不大,最多也不超过40人,像白板、绿板、实物投影、课桌椅等教学设施与国内没有多大区别，不同的是每层教学楼除厕所之外，至少还有两处洗手池。而在每层楼拐角处都设有移动挂衣架，上面挂满了学生的羽绒服，因为它在室内是穿不着的。

  紧凑的参观之后，我们观摩了体育、美术和劳技课。劳技课上，男孩子们娴熟地使用缝纫机，缝制的小包包有模有样，而我们的劳技教室大多已被高科技项目所替代，这到底是好事还是坏事，我不敢妄下定论。最后是教育长和校长的情况介绍，双方还就一些教育问题进行了讨论交流。因为语言不通，每一句话都需要翻译，所以时间就显得很紧张。日本的教育投入占国民生产总值的5.6%，北广岛地区更是高达10%，所以它的硬件建设都很不错，场馆也很齐全。日本大学毕业生须经教育理论培训，参加国家考试获得教师资格许可证后，方可到中小学任教。他们对在职教师的培训提高也十分重视，规定每隔一定年限在职教师必须进修一次，从而保证有高质量的教师队伍。当然，这种高质量也是建立在高待遇基础上的，日本教师薪水很高，小学教师年薪一般在30万人民币左右，而校长则是教师的两倍左右，所以教师职业是人们乐于选择的职业，更是倍受尊重的职业。教育内容除了重视基础知识和基本技能的传授外，日本小学教育内容中还重视健康教育、道德教育、劳动教育和生存能力教育，注重培养学生的基本生活习惯、自我控制能力和遵守日常社会规范的态度。几乎每所学校都有专门的劳动教育课，校园内还有学生自己管理的小植物园、小饲养场等。在日本，因为公立学校硬件设施、教师和教材完全一致，所以学校没有强弱之分，也就不存在择校问题。校长的考核任免都由教育长决定，所以校长的工作和行为也只对教育长负责。

5．北海道聋校，一师两生

我们参观的第二所学校是北海道聋校，在日本有听障、视障和智障三类残疾人学校，基本上是每个省各种类型各一所，设在省行政机构所在地。校长佐藤边带领我们参观，边介绍学校情况：北海道聋校就是道属（相当于国内的省属）从幼儿园到初中的学校，现有60名学生，33名教师，师生比是1：2。我们在很多教室都看见一位、两位甚至三位老师在教一个孩子。日本没有特教学校专用教材，听障学生都使用普通中小学教材上课，并按国家规定进度授课。那么，他们如何能够保证教学进度与普通学校一致呢？我们得到的答复是适当进行补课，再无其他，这让我们感到很惊讶。这60个孩子来自北海道不同的社区，在这里的吃、学、住、用全部由政府负担，当然还有慈善机构的捐赠，家庭是不需要承担任何费用的。因为日本室内温度都很高，所以我们在聋校见到的师生基本上都是赤足在室内活动，还有三位老师趴在地上和两位学前儿童做游戏。因为特殊教育并非考察重点，所以我们是以参观了解为主，没有做更深的探究。

6．早稻田大学，见证友好

早稻田大学是亚洲最为国际化的大学之一，现有5处校区，拥有日本最先进的图书馆和运动科研场馆，留学生数也位居日本大学之首。学校推行广博教育，注重综合素质的培养，传统强势科目为政治经济学等文科科学。该校毕业生遍及媒体、政界及学界，前任首相竹下登、海部俊树、小渊惠三、森喜郎、野田佳彦等都毕业于该校。我们在吉村正教授的引领下走进垒球部，观摩了不同级别和阶段的垒球训练。作为日本一流的球队，无论是垒球教学还是球员的体质技术以及垒球文化，都不是一朝一夕之功。我们考察的软垒项目，也正是为了在小学阶段开展垒球教育而降低了难度、提高了趣味性，以便更容易被孩子们接受，从而达到普及提高的目的。随后，吉村正教授在会议室请大家吃便当，为节约时间，他让大家边吃边听他介绍。作为"早大"人间科学院教授，他一直从事垒球教育研究工作，是日本垒球协会副会长，曾撰写20余部著作，带出多个优秀球队，也是软式垒球的发起人。他从"早大"垒球部成立讲到带队参赛夺冠，从软式垒球的起源与发展谈到中日关系。他说：早稻田大学与中国有着良好的关系，许多中国现代人物如李大钊、彭湃、廖承志等都曾在"早大"留学。中国前国家主席江泽民、胡锦涛在访日时都选择到早稻田大学进行演讲。他说："早大"也培养出了好几位日本首相，他们执政期间中日关系都很好，而现在的中日关系不好，正是因为安倍不是"早大"的学生，他相信下一届或下下届的首相一定会是"早大"学生，那时，中日关系一定会比现在好。他的讲话让大家由衷地笑了起来。

随行的中国教科院李鑫华教授是中国书协会员，国内知名的书法家，擅写隶书，他挥毫泼墨，欣然写下了"早稻田大学垒球部"几个苍劲有力的大字，赠给吉村教授，希望体育文化交流能为人类和平与健康做出贡献，会场响起了热烈的掌声，把参观访问活动推向高潮。

此次日本之行时间虽短，但收获颇丰，除了上述的一些肤浅的认识和感受外，日本社会的高度文明、城市管理的精细、百姓在日常生活中表现出来的高素质和良好的行为习惯都给大家留下了深刻的印象。

★干净，让人凝神静心。从北海道的札幌到都府东京，我们感受最强烈的就是干净，到处天蓝草绿，空气清新，让人心旷神怡。干净到马路上始终是不干不湿，一尘不染；干净到学校、单位的广场上除了飞舞的落叶再无其他；干净到我们用手使劲在马路上蹭几下，手上竟然没有一点污渍，我们不得不发出感叹：这比咱们家的地板还干净。还有就是跑在街上的各种车辆，不管大小新旧都是铮明瓦亮，几天下来没有看见一辆沾泥带水的车子，就连为数不多的自行车也都是干干净净。我的皮鞋基本四五天没有擦过，别说鞋面干净，翻过鞋底也毫无泥土杂物，清丽得像刚洗过晾干似的。男士的衬衣一般都是天天要换的，在日本，你穿五天衣领和袖口都不会脏，如果不是出于礼貌你可以一周不换。外边的大环境好，室内就更不要说了。我们猜测一是跟当地海洋气候有关，湿度适中不起尘土，所以哪儿都干净；二是保持运行车辆清洁，有可能是交通法规的要求；三是日本人本身就爱干净。

★有序，体现良好素养。东京的地铁人也是非常多的，跟国内的没什么两样，所不同的是非常有序。人再多上车的准是站在车门两侧，下车的人走中间通道，先下后上，绝对没有车一到一窝蜂往门口挤，下车的人下不来，上车的人上不去的现象。因为日本汽车是右舵，所以都是靠左行驶，我们逐渐适应了步行或乘电梯靠左的模式，而有一天赶地铁上下楼时我们一直跟人撞车，这让我们觉得很奇怪。翻译小林告诉我们，行人并不一定就是靠左走，很多时候是要按标识来走的，这让我们觉得有点啰嗦，不过这一定是某些区域或路段所需要的。就像在超市购物，根本没有什么进出口和护栏，也没有见到保安，到处都可以进，哪里都可以出，就像我们的自由市场。收银台却只有一个，而且也没有围挡和护栏，结账的人总是自觉排成一队，或左或右从一侧依次付款，另一侧和中间绝对没有一个人前往。马路上的汽车让人那就做得更好了，不管是不是在十字路或斑马线前，只要有行人在马路中间，汽车一定是会停下来让行人的，几天的考察没有听到一声喇叭响，这绝对不是日本人不着急的缘故。

★严谨，值得我们学习。日本人时间观念很强，这一点值得我们学习。在西之里小学参观，时间安排得非常紧凑，参观校园、观摩体育课、座谈交流，每个环节都有时间限制。参观校园大家总想多看点东西，不停地咨询不停地拍照，而小林则一直在提醒大家注意时间，结果还是耽误了10分钟的体育课。结果课也没有听完，我们就被请到了校长办公室进行座谈。就这样主持人还是说：因为大家在前面拖延了5分钟，座谈活动只好缩短5分钟。我在感叹日本人守时守规的同时，也在想：如果我们接待来访，能直接指出这个问题吗？来访的者如果是外国人，他们又会不会迟到呢？后来还有几次集合和登车，日方司机和随行人员准是提前10分钟打开暖风，在车门口迎候，而我们的同志们总是会有人迟到。日本人的规矩和严谨还体现在很多细节上，比如入住宾馆从来不需要押金，离开时也不会查房，但是她一定会提醒你检查个人物品，不要遗落。服务生每天清理卫生时都会在你没有喝完的水杯上盖上一张纸巾，而睡衣则叠得整整齐齐放在你入住时所放的地方。我们的中巴车司机，每天都会在上下车的台阶上垫一块干净的毛巾，在下车的落脚点放一个方木墩，每次上车下车都会向每一个人鞠躬问好，这些小小举动对他们来说是习惯动作，这可能正是教育者需要思考的东西。

★饮食，想说爱你不容易。民以食为天，走到哪也是要吃饭的。日本的饮食总体来说是不错的，唯一让北方人不习惯的就是一个"凉"字。不管是自助还是点菜，菜、肉、海鲜、水果、甜点、饮料样样俱全，尤其是自助，品种估计能有上百种，然而想找到热东西却很难。最有意思的是每顿饭还都会给你一杯加冰块的凉水，一开始真是吃不消，只好喝咖啡对付，因为那是所有可饮物中唯一热乎的。为了赶时间，有好几次我们都是在车上或在学校吃便当。日本的盒饭质量极佳，主副食加一块能有20多个品种，很讲究营养搭配，唯一不变的还是"凉"，除了饭不热，每次给的矿泉水我觉得也都是冰镇的。在北海道的最后一天，陈教授为尽地主之谊，晚上请我们吃札幌有名的长脚蟹。6点半我们就到了那家餐厅，通过翻译"里里哇啦"一番交涉，被告知现在还不到我们预定的时间，一个小时后才能用餐，女同志们乘此机会就去逛商场了。接近八点的时候晚宴正式开始，长脚蟹、毛蟹、清酒、啤酒管够，用餐时间是一个小时。你看日本人吃饭也是要限定时间的。大家本来就饿了，一听还有时间限制，马上开始行动，连吃带喝很快就整了个半饱，为让大家尽兴，陈教授不停地举杯敬酒，大家也算在日本畅饮了一番。当老板得知是校长考察团后，还把用餐时间给延长了半小时。当大家酒足饭饱准备登车时，却怎么也找不到陈教授和翻译小林了，而一位校长上楼去找也一直没有回来，后来我们才得知，自助餐是一点都不容许剩的，他们几位是把桌上的蟹腿和啤酒处理完才下来的。虽然那天剩的很少，但是让陈教授打扫战场，大家还是觉得很不好意思。

★购物，不能不说的话题。一提到日本，我们就想到"十一"国人赴日的购物热潮。所以，这次出差很多人没敢往外透露任何信息，一是怕朋友们鄙视加讨伐。他们很多人认为去日本就是没骨气，买日货就是卖国，谁想背负这么沉重骂名呢？二是怕有人让捎个东西还真不好推脱。虽然此次考察时间安排得非常紧凑，但返程时多出来的大箱小包说明还是有人"加班"了。我们不能简单地说这些人不理性、不爱国，分析原因可能有四：一是相信日本没假货。店铺里每一件商品都清晰的标有产地、价格等信息，其中也有很多是中国制造，关键是哪的就是哪的，绝对不会糊弄。很多同志买的东西产地根本不是日本，但他们还是相信假货是上不了日本货架的。在一家超市的副食品柜台前，我们清晰地看到，每一个米面或蔬菜袋子上除了品名、重量、价格外，更显眼的是生产者的照片、地址和联系方式，买这样的东西你还担心吗？二是统一价格且比国内略低。无论是在小店还是超市，无论是在超级大的商场还是在机场，同一种商品绝对不会出现两种价格，这在国内恐怕不可能。三是服务非常好。导购不管你是哪国客人，都是热情认真地为你服务，更不会漫天要价去宰你，并且很多商品是可以帮打包送到酒店或机场的。四是盲目跟风缺乏自信。很多同志去的时候并没有采购计划，但是受身边人疯狂购买影响，觉得不买点似乎不好看，也就出了手。还有的不停地发微信问亲戚朋友要点啥，好像出一次国不带点东西不体面，一人带一件就凑了一大包。更多的是内心对国货的不自信，诸如马桶盖、行李箱等明明标注的是中国制造，但还是愿意扛这"到日一游"的中国货回来。消费本身就是一种个人行为，任凭网上怎么讨伐，该买的还是会买。今天是日本，明天可能就是韩国、美国，这只能说明中国人有钱了，我认为靠笔伐口诛是解决不了问题的，将来全球都崇拜"中国制造"，那他们还会买洋货吗？

第六章　学习感悟与体会

与早稻田大学教授中村正合影

与早稻田大学软垒队员合影

32. 童年的故乡

每个人的童年都不尽相同，但无论它是开心愉悦，还是贫苦艰辛，那都是你生命中印记最深的部分。不管长大后生活在哪座城市，做什么样的工作，童年经历不仅挥之不去，还会随着岁月的流逝愈加清晰深刻，因为那山水、那游戏和玩伴都深深地影响、牵动着你。

我的家乡在张家口坝上平原，平实的小山坡下坐落着小村子，村子很小，不过四五十户人家。村子前边是南北三里多宽，东西十余里长的大草甸子。绕过土坡再往西走，就更为开阔，大概有方圆近百里大小，这就是后来旅游的客人们所说的大草原。小时候，一到夏季满甸子都是水。水不深，一般刚刚没过脚脖子。赶路的人们只好提着鞋子，卷起裤管在水中行走。一眼望去整个甸子像一面银白而又泛绿的镜子。当地属内蒙古高原南缘，不算一马平川也没有大山，有的不过是较大的土丘而已。村子倚着"后坡"而建，正东有一座圆圆的小山，人们管它叫"圆山子"，正南的山坡叫"大南洼"，离村子不过六七百米，那算是村里最高的山了，说它高是因为孩子们一口气跑不到山顶罢了。村子的西北角有三棵老槐树，夏秋时节老树枝繁叶茂，像三把撑开的大伞几乎遮盖着半个村子。小时候走亲戚，总是害怕走远路，每当看到大槐树就知道快到家了。"文化大革命"时期，不知是谁出的主意，几棵大树被砍倒了。老人们说，那几颗古槐有百十年历史，它不仅见证了村子的变迁，更是村子的风水，砍了它就等于坏了风水。也有人不信，但是不管信不信，从那儿以后满滩有水的年头就越来越少，再后来，整个甸子都是干的了。没了水，对靠天吃饭的坝上农村来说，日子过得就更紧巴了。

　　村南百十米的草滩上有一片洼地，夏季雨水多，那里就成了一个大水塘。入伏之后，那是孩子们玩水唯一的地方。那时候五六岁的孩子，不论性别一律裸泳，一个个一丝不挂地跳到水里，学游泳、扎猛子、打水仗。甚至有十来岁的孩子也按捺不住，纷纷跳入水中跟着一块戏耍起来，有些发坏的男孩会偷走女生的衣服，害得她们不敢回家，直到被家长扭着耳朵把衣服送到河边才算了事。再往东几百米就是"马圈河"，它有两三个足球场大小，水最深的地方能达到2米，对于从来没见过大江大海的孩子们来说，那可是条大河。所以也只有十多岁，甚至成人才敢下那条河，小孩子只要往那走，家长知道了肯定少不了挨一顿揍。村子东边有一片榆树林，在我的印象中，那块林子像从来不长似的，我们从小玩到大，它始终还是碗口粗细。

　　当年虽然条件差了点，但是村村都有学校，我们岁数差不多的三十多个孩子一至三年级就是在本村读书。学校坐落在村子中心位置，没院没墙，只有一间半土坯房，大概有五六十平方米。一间是一二三年级的教室（四五年级要到大队去读，初中要到公社去读），另半间是老师办公室。教室只有两个不大的西窗户，屋里又阴又暗，墙上到处掉皮，桌椅不是少腿的，就是没面的，用石头支着，木棒顶着，可谓五花八门，上课的时候经常有学生摔到地上。最惨的是冬天，学生们不仅要轮流值周生炉子，值周生还得从家里带上当天取暖用的干牛粪。一两个小毛孩子，往往是折腾一早上，手冻肿了，炉子没升着，还冒了满满一教室烟。先生也大多是本村的高中生，那个时候别看都是民办教师，却可谓一专多能，数学、语文、音乐、体育所有课程一个人全包，会的多教教，不会的就让孩子做游戏。给一年级讲课时，二年级写作业，三年级复习；给三年级讲课时，一年级写生字，二年级院子里自由体育。孩子们这时可以回家喝口水，还有小一点的，还会爬到妈妈怀里吃几口奶。在我印象里，考试很少，基本是按个头大小决定你是否该上高一个年级。记得考四年级时我故意写错很多题，就是不想走去大队的那二里路，可是最后却因为我个儿够高，而"被上"四年级。

"六一"可以说是孩子们都喜欢的，家里有条件的能穿上一件白衬衣或一双新鞋子；条件不好的，也会把平时舍不得穿的衣服拿出来，毕竟这是孩子们一年当中能真正疯的一天。像跑步、拔河之类的在学校院子里就可以进行，我印象最深的是跳高跳远。就学校的条件，场地和器械当然都是学生自制。跳高要找两根比较直溜而且一样长短的木杆，从上到下钉上钉子，一根两米多长的竹竿，然后扛着铁锹到附近的树林里去选场地。看好一块平坦的地方，首先是把两根木杆间隔一米七八埋在地下，重点是一定要埋结实，并保证高度一致。然后就要在木杆的后面挖地松土，最后把竹竿挂在两边的钉子上，比赛就开始了。去掉跳高的木杆，放上一块起跳板，跳远的场地也就有了。几乎每年孩子们都忘了名次和一根铅笔的奖品，只是忘我地疯玩，直到把翻了又翻的土踩的死硬，累得东倒西歪才算结束。

　　放学以后，大部分孩子要做的都是打猪草，满庄稼地里的苦菜就是喂猪最好的材料。几个人聚到一起，去找苦菜最多的地块，拔满一筐，然后开始找鸟窝。三四个人散开藏在庄稼地里，观察起飞或降落的鸟。很显然，它起飞或落下的地方肯定离它的窝窝不远。尤其是正在喂食的鸟妈妈，它们会频繁地飞来飞去，为鸟宝宝喂食。当然，也有的鸟很聪明，它会选择离窝很远的地方落下，然后从地上溜达到窝里，起飞的时候也是一样，先跳出窝窝，溜达很远才起飞。那样一来，人们就很难判断鸟窝的准确位置，这些精明的鸟，人类就很难捕捉到它，像百灵、画眉就属于这一类。鸟窝的精致让你赞叹，以至于根本不忍心去破坏它。在田埂略高却又相对隐蔽的地方，先挖出一个直径约6厘米，深10厘米的圆型小坑，里边用一根根细软的干草铺垫起来，整个草垫差不多有两厘米厚，拿起来像一个用草编成的茶杯，想用手撕开它都很难。尤其是它的外沿口，像织毛衣收边似的，编织的结实、整齐、美观。窝窝门口向外整齐的洒落着约5厘米宽的小土块，这可能是防水的需要，可见鸟儿为建窝下了很大功夫。鸟蛋一般有4枚，除了很小的孩子，一般没人祸害它们。只要找到了鸟窝，之后基本每天都会往那儿跑，看着几个蛋蛋变成拇指大小的鸟宝宝，一听到声音它们以为妈妈回来了，就会争先恐后的伸长脖子张大嘴巴寻食。听老一辈人讲，很早以前，为了生计，村里也有专门靠捣鼓鸟为生的。他们整天待在草原和庄稼地里兑鸟窝，把出壳满7天的百灵幼崽抓到家里喂养，然后教他们说话、唱歌，一般高手也只能在10只幼鸟里训出三两只，而一只能说会唱的百灵鸟能换一旦粮食，可见百灵的珍贵和兑鸟人的不易。玩够了大伙儿就把筐扔到河葫芦里，用一根绳拉着漂起来的菜筐往回走，那要比用胳膊挽着筐走轻松很多。有的小伙伴没带绳，干脆抽下裤腰带拴在筐上当绳用，裤子就直接披在肩上，一边耍水一边拉筐，运气好没准儿还能抓到一两条蛇鱼（泥鳅）。草甸子上一片片的布满了地皮菜，像泡开的木耳，我们都用脚丫子挠着玩，当地人是不吃这些东西的，大家都管它叫"羊能带"。

秋后，水渐渐变少，草滩里，土坡上顶出了白白的蘑菇，勤快的人一早上就能采上大半竹筐，有时运气好，一个蘑菇圈就能让你收获满满。刚采来拳头大的蘑菇掰掉把子，然后往窝窝里放点盐面、滴两滴油，然后用干净纸包好，外边糊上一层泥巴，扔到灶里去烧。一顿饭煮熟，取出泥蛋蛋，敲掉外壳，轻轻揭开包裹的纸张，那种世上少有的鲜香扑鼻而来，至今还保存在我的味觉里，飘荡在我的脑海中。后秋，学校经常组织我们到刚收过的麦田里拣麦穗，那叫"颗粒归公"。但是玩永远是小孩子不变的天性，在完成了老师分配的任务之后，我们学着大人的样子在田地里寻找"田鼠窖"。世上的任何一种动物，都有它自己的生存法则，很可能那是世上唯一或独有的。俗话说"耕牛无宿草，田鼠有余粮"，小小的田鼠，春天吃种子，夏天啃嫩芽，秋天吃果实，虽然它把自己吃的肥肥胖胖，但它不忘储备过冬粮。"田鼠窖"就是这些小家伙为自己过冬储存的"战备粮"。我们两三个人一组，用一米多长的铁钳子在地上扎来扎去，一旦扎到闪空的地方，就会重点排查。田鼠窖很是难寻，这些小精灵们选好位置，先往下打洞，这是它们的强项。一般要打到距地面四五十厘米深的位置，再一点点地往外掏土。窖子有大有小，小的像一本书见方，大的有三本书那么宽大，然后把麦穗、谷穗一根根运进地窖，一层层的整整齐齐垛起来，最后用土封上洞口。有一定深度就不会被人踩塌，封好洞口，并做一些必要的伪装，就不会被其他动物发现。一个田鼠窖一般都能碾出五六斤麦子，奶奶说：这些麦子能蒸一锅大白馒头哩！人们无法知道，田鼠究竟用了多长时间才能完成这一庞大工程。

可见，它们不光是吃货，更是有远见的实干家。

深秋迁徙的鸟类飞过村子，很多既没见过也叫不出名字，它们有的一飞而过，有的稍作停留，我见过的真正野生天鹅，就是小时候在村里的"马圈河"上，老远看去像一只只雪白的羊羔，在水面上游弋起伏。可惜，想近距离欣赏它，是根本不可能的。

秋末冬初，草木枯了树叶没了，既没有水也没有冰。这时候玩得最多的就是打土仗，我们都管这种游戏叫"中国美国"。晚饭后（冬季当地两顿饭，用餐时间分别在上午9点和下午4点），两伙人在"大官""二官"的招呼下，渐渐凑齐。开始的时候就像捉迷藏，一伙人藏，另一伙人找，被抓出来多的一组就是当天的"美国"，由"二官"带领。为了不让对方找到，有的钻进猪圈，有的躲进村里的厕所。有一次，一个小伙伴藏进人家的柴火垛里，因为始终没人找到他，他又不敢露头，竟然在柴火垛里睡着了。接下来的攻防游戏，不仅要勇敢更需要智慧，两个队伍真真假假，或进或退。每个人身上都揣满了弹药——比蚕豆大一点的土坷垃，听到"大官"的命令，会同时把小土块向对方投去。如果对方弹药不足、火力不猛，很快就会招架不住，而被追着打，那他一定是当天晚上的输家。有一次我们"中国"追"美国"，一路追追打打跑出了七八里地，眼看他们越跑越远，天也渐渐的黑了下来，我们果断改变策略，迅速返回并在途中的一个壕沟里隐蔽起来，队员们悄悄地补充弹药，做着在返程路上袭击对方的准备。没多久，毫无戒备的"美国"队有说有笑地走了过来，我们突然发起进攻，小土块像雨点般飞落下来，他们措手不及全部举手投降了。

　　很多游戏现在看来有些粗野，但我也注意到，在物质条件极度匮乏、营养膳食单调的条件下，孩子们的体质和毅力却远比现在的娃强得多，甚至看到几分勇敢和血性。看一场电影走七八公里路，玩个游戏跑三五里，根本没有喊累或走不动的。另外，磕磕碰碰是常有的事，哪碰破了抓把土揉揉就没事了。像头上打个包，鼻子打出血只要不严重，回家谁都不会说，第二天照常玩耍。

  冬天必然是银装素裹，从十月初的"坐冬雪"一直到第二年的四月底才能化完，经常一觉醒来已经推不开家门了。天虽然很冷，但没有了夏天的各种家务活，爱玩的孩子们自然不会闲着。稍微大点儿的男孩子会大早起床，穿上"毡疙瘩"，套上"毛袖袖"，到野地里去套兔子、捕沙鸡。孩子们穿梭在树地里寻找兔子行走的足迹，然后用细铁丝栓成二三十厘米直径的圆形套，下沿离地面大约一拳多高，绑在离兔蹄印最近的树干上，单等觅食的兔子自投罗网。因为在雪地里，野兔一般不会再辟蹊径，而是一律走开的老路。一是铁丝的粗细很重要，粗了就会被兔子发现而突然改道，细了则会被绷断。二是圈圈的大小合适，离地面高低正好让兔子能伸进脑袋。三就是固定是否结实，要知道一只野兔在挣扎的时候，力气是很大的，它们常常会带着铁丝套逃跑，那样的兔子，你永远都别想再套住它。可见能套住一只野兔也没那么容易。

  捕沙鸡就更难了，要踏着膝盖深的雪到山坡的阳面去，找一片经常落鸟的地方，扫开积雪，在露出黑土的地上撒上粮食，再把拴满马尾套的长绳拉直固定好，剩下的就是一个人去找杀鸡群，另一个人在附近埋伏。找杀鸡的人最辛苦，围着整座山奔走，有时走十几二十里是很正常的事。一旦发现目标，要么大声喊叫，要么投小石块儿，总之想办法把它们轰起来，并有意识的往设套的方向赶。等它们在白茫茫的雪地里发现了那片黑土地，一定会慢慢落下来觅食。等鸟群落稳了，守候的人就要不停地拍巴掌，这样沙鸡就会慢慢溜达着吃食，而不是马上飞走。这时，如果沙鸡群突然惊飞，那一定是有一个或数个同伴落入了圈套。

　　捂麻雀是小一点孩子才玩的项目，一块毯子，一小捆柴火，四五个人结伴，每个人一个毯子角，先把废弃的枯井口盖严实，然后就是点着柴火扔到井里。被烟熏到的麻雀会纷纷从枯井的石头缝里钻出来，争先恐后地往井口飞扑，在火光的映衬下，只要你把手伸到毯子上有黑影飞舞的地方，一只只麻雀就会被抓到了。毛毯一般是几个人轮流从家里拿，因为经常操作不慎就会将毛毯烧个窟窿，回家免不了挨顿揍。那个时候条件虽然十分艰苦，农村人一年只能吃两次肉（过大年和八月十五），但套野兔、捕沙鸡、捉家雀也不全都是为了吃，更多的只是孩子们冬天的一种娱乐而已。不过村里也有高手，一冬天能套六七只野兔或二三百只麻雀，那肯定过年时就多了一道菜。那个年代不讲环保，也不重视保护野生动物，像野兔、田鼠、沙鸡都是吃粮食的害虫，尤其是麻雀，它是四害之一，集体还鼓励社员捕杀它们呢。

　　过年自然是农村孩子们最盼望的节日。女孩子是为了穿新衣服，吃好吃的。男孩子更多的是为了放鞭炮、闹红火、走亲戚。当时农村物质条件很差，家里积攒一年的布票、棉花票，到了年根儿就会统统拿出来。就那样，一家六七口人，也只有哥姐能穿一件"华达尼"或"劳动布"料做的新衣服。父亲说：他们大了，能挣工分了，关键是穿得破了连对象都找不到。而剩余的布料和棉花会为奶奶做一件"三面新"（新里、新面、新棉花）的棉袄，作为最高祖，她在家里是最受敬重的。我们能穿上一双母亲做的新布鞋，还有哥哥们替下经过翻新的衣裤，那就很体面了。除夕夜，母亲会在大铁锅里炒上两碗蚕豆，给我们每人往兜里揣两把，我们就高兴地挑着自制的纸灯笼跑出去玩了。因为既没有电灯也没有电视，跑累了就挤在土炕上和衣而睡，弟弟的手一直攥着衣兜，生怕哪些舍不得吃的蚕豆掉出来，被别人捡了去。初一早上太阳出来之前是不能往地上掉水滴，不能扫地更不能揭开柜子的。母亲说：掉水滴以后有了小孩会起疮长麻子，扫地会把财气扫走，而揭开柜子就会放跑金元宝。我们在小心翼翼地洗完脸后，就要和家人一道在自家院子里隆旺火，放炮竹，人人都要烤烤火，寓意一年红红火火。之后我们就要挨家挨户去拜年，小一点的孩子能得到一块糖，稍大一点的会得到一根烟的奖赏。我也曾混在其他孩子们中间，多进某家一趟，为的是多得到一块糖。不大的村子转完不过三四十分钟，回到家里我们会整理自己的战利品，得得多的不免会炫耀一番。这时母亲会让我们围坐在桌子旁，给我们每人一碗洋（白）糖水，寓意一年甜甜蜜蜜。那时的糖真甜，我们都想让母亲多放一点糖，可她总是每个碗里只放两小勺。我们边喝糖水边等着饺子，父亲和奶奶此时正襟危坐，等一拨又一拨孩子们问完好再一一给他们发糖果，有时发的不够还要找我们借，此时弟弟会捂着口袋哭起来，我们大一点的只能奉献了。吃完饺子太阳就出来了，这时，村子里的人都会赶到村东的水井旁边"迎喜神"。据父亲说，这种习俗可能有百余年历史了，现在想想有点团拜的意思。锣鼓把式们敲起欢庆的锣鼓，点燃一大车旺火柴，男女老少穿戴一新，互致问候，围在一起烤旺火、许心愿、赛炮仗，祈盼来年风调雨顺、人畜兴旺、四季平安。记得有几年民兵还会拿出自己的步枪，在一二百米外立上几个酒瓶子，搞一搞射击比赛，那阵势隆重、热闹、刺激。到了元宵节前后，村子里还要组织秧歌队，走街串巷，喜迎元宵，直到二月二吃完了猪囤儿，年才算过完。

　　这几年回到老家，儿时的影子几乎都找不到了。小学校早已不见了踪影，塌陷后的土坯已被人们踩平，如果不是比别处略高，恐怕连位置已找不到了。本来人口不多的村子前几年又有1/3举家离开，有的十几二十年都不曾回来，他们去了哪，过得怎么样，根本没人知道。雨水没有以前那么大了，草滩里很少有个水坑，就更别想见到满滩的水了。随着环境的变化，除了生命力比较顽强的黄鼠、麻雀之外，还偶尔能见到一两只野兔和野鸡，其他的动物基本看不见了。孩子们玩耍的也跟城里一样，清一色的手机或iPad，像打土仗、逮麻雀那些古老游戏早就不会了。高科技确实改变了人们的生活，但是我们也看到，如今的孩子，动手能力、承受能力、身体素质都不如以前，甚至没有了一点创造力和血性，这可不是个小事！村里的耕地基本都变成了菜地，连当地的特产莜面，也要靠外购才能吃到。如今日子绝对好过了，吃穿无忧不说，人人有手机，家家有摩托甚至小汽车，可我总觉得少了点什么，或许少的就是常常梦见的那三棵老槐树，那满滩清清亮亮的河水，孩子们成群结队的打猪草、找鸟窝、掏鼠窖、打土仗的自然、乐趣和豪情……

少年时期，确实是一个人培养兴趣爱好、意志品质的关键时期，什么样的环境就能塑造什么样的人格，什么样的人格就决定他将来走什么样的路。20世纪60年代出生的人，可以说完全是在物质条件极度匮乏的情况下度过了童年。然而那时候的农村，生态环境极佳，教育自然宽松，虽然孩子们吃的、喝的、玩的、学的都很简单，没法跟今天的孩子相比。但也正是那样清贫却又自由的生活，滋养和陶冶着人们的情怀，培育出了一代具有探索意识，担当精神和向上品格的实干家、奉献者。